ちくま新書

人が人を罰するということ

——自由と責任の哲学入門

1768

山口 尚
Yamaguchi Sho

人が人を罰するということ——自由と責任の哲学入門【目次】

Ⅱ

Ⅲ

序　責めることと罰すること——自由と責任の哲学へ

刑罰をテーマとするある本は次の印象的な問いかけから始まる。

［…］一九九五年八月、オクラホマ州の受刑者は、死刑執行直前に薬を服用し自殺を試みたが、胃洗浄のおかげで意識を取り戻した。そして予定通りの時刻に執行された。二〇〇二年一一月に二度の心臓手術を受けた後、翌月に処刑されたイリノイ州の受刑者もいる。我々はなぜ、こんな手の込んだことをするのだろう。犯人の処罰を望む本当の理由は何なのか。(1)

ここでは、自ら命を絶とうとした人間を治療によって救命した後で死刑を執行する、また病気で亡くなるかもしれないひとを複数回手術したうえで処刑する、という「手の込んだ」刑罰の実践が紹介されている。なぜここまでして罰を行なうのか。〈罰すること〉の意味は何か。

みなさんがいまページをめくっている本書もこうした問いへ答えを与えることを目指す。そこでは、罰したり責めたりする実践は私たちにとってどのような意味をもつか、が明らかになるだろう。

本書の主題は〈責めること〉および〈罰すること〉である。例えば大事な会議に遅刻したひとを私たちは「何をやっているのか」と責める。また盗みや暴行などの罪を犯したひとを私たちは、決して不問にはせず、何かしらの罰に処する。ひとは生活においてさまざまなことを意図し、さまざまなことを行なっているが、ときに自らの行為をかどに責められたり罰せられたりする。こうした責めおよび罰が本書のテーマである。

だがなぜこれらを主題とするのか。この点はしっかり説明しておきたい。

現在、《刑罰は無意味だ》と主張されることがある。例えば神経科学の知見にもとづいてこうした主張が行なわれることもある。一例を挙げれば――本書においても後に取り上げられるが――神経科学のある実験から《私たちの身体運動は、私たち自身のコントロールを超えた無意識的な神経プロセスの結果だ》という結論が引き出されたりする。そしてここから、人間は自由な行為主体ではなく、それゆえ自分の行為に責任を負えない、と言われたりする。そしてさらに、人間は何かに責任を負いうる主体ではないので、ひとを罰することは無意味だ、と述べられたりする。要するに、科学的知見にもとづいて《刑罰は無意味だ》と言われることがある、ということだ。

加えて――これはもっぱら哲学の文脈の話だが――《そもそもひとを責めることは無意味だ》と言われることもある。人間は自然の一部であり、人間の行動は無数の原因から自然法則を通して生じる結果に過ぎない。それゆえ《ひとが自分の行動を自分で選んでいる》というのは一種の思い込みや錯覚のようなものである。じっさいには、人間の一切の行動は自然の因果の産物である。このように論じたうえで「だから、悪いことを行なったひとを責めたとしてもそれは無駄だ」と言われたりする。むしろガミガミ言わずに悪い行動を生む原因を取り去るよう努めるほうがベターだ、ということである。

このように《刑罰は無意味だ》や《ひとを責めることは無意味だ》と言われることがある。本書はこうした見方へのアンチテーゼである。本論で指摘されるように、決して「罰することや責めることはすべてナンセンスだ」などとは言えない。〈罰すること〉および

〈責めること〉は人間の生のうちにしかるべき居場所をもつ。この点を示すことが本書全体の目標である。

本書の主要な結論のひとつは、「ひとを罰することは無意味だ」と断ずることは間違いだ、というものである。この結論を説得的に提示するため、本書はそこに至る理路を工夫する。以下、本書を読むさいに心に留めておくべき点をふたつ述べたい。

第一に、上記の結論を導き出すさい、本書は「刑罰」と「罰一般」を区別する。すなわち、「刑罰」は法的に制度化された罰を指すが、「罰一般」はそれ以外も指す。例えば寮の決まりを破ったひとが寮長から〈一週間トイレ掃除〉の罰を科せられることがある。また会社や組合などにおいても、大事な約束を破ったりしたら、何かしらのペナルティがある。そしてこうした罰は必ずしも制度化（例えば前もっての取り決め）を伴わない。押さえるべきは、私たちは日常生活においてしばしば制度化されない仕方でひとを罰する、という点だ。そしてこうした「罰一般」の概念は、「制度的な罰」すなわち「刑罰」とは区別される。

刑罰と罰一般とを分ける――いったいこの区別の何が重要なのか。本書は必ずしも「刑罰は止めるべきだ」という主張に反対しない。なぜなら、本論でも述べられるように、刑罰という制度にかんしては《これは正当化されないから、廃止しよう》と提案することは決して無意味ではないからである。とはいえ罰一般について同じことは言えない。例えば「罰することとすべてを金輪際止めよう」と提言することはナンセンスである。なぜこう言えるかの理由は本論でじっくり説明されるが、いずれによせ本書の指摘を理解するさいには「罰一般／刑罰」の区別をつかんでおくことが不可欠である。

第二に、本書は《罰することは無意味だとは言えない》と主張するが、その議論はイギリスの現代哲学を代表する一人であるピーター・ストローソンの考え方からインスピレーションを得ている。この哲学者は重要な責任論および刑罰論を提示しており、そのアイデアはこの話題を取り上げるさいにつねに立ち返られるべきものだ。そしてストローソンの議論の精神を正確に提示すること、これも本書の目標のひとつである。

だが「なぜストローソンか？」と言えば、それはこのひとの考えが的確かつ深遠だという事実に尽きない。この哲学者の立場は公にされてからすでに六〇年以上経つが、その精神をいわば「純化した形で」提示する著作はいまだ存在しない。それゆえ私は本書においてそれをやってみようと考えたわけだ。

序において述べておきたいことがもうひとつある。

じつに責任と罰をめぐる哲学的問題は「自由」の問題を巻き込む。それゆえ本書においては〈自由な意志〉や〈自由な選択〉についても複数の角度から論じられるだろう。とはいえ――しっかり明記しておきたいが――本書を読むために自由というテーマの予備知識はいらない。むしろ本書には〈自由の哲学への入門書〉の一面もある。本書では（とくに第Ⅱ部以降で）自由にかんする最も根本的な問題が提示され、それについてどう考えるべきかも説明される。

現在、日本語で読める〈自由の哲学への入門書〉としては、高崎将平の『そうしないことはありえたか？[2]』がある。これはたいへん優れた入門書であり、自由の哲学に興味をもつすべてのひとに薦めることができる。ただし高崎の作品は自由をめぐる多種多様な問題をバランスよく紹介するという方向性のものであり、ひとつの視角を「尖らせる」という面が少ない（もちろんこれは欠点ではない）。これにたいして私の今回の本は〈責任と罰というひとつの視角から自由の問題を徹底的に掘り下げる〉という意図をもつ。高崎の入門書が〈広い目配り〉を特徴とするとすれば、本書は〈初学者を可能な限り深いところまで連れていくこと〉を目指す。もちろんこの意図が達成されているか否かは読者の判断に委ねられるべきことだが――。

本書の全体の構成を説明しておこう。本書は三つの部からなる。

第Ⅰ部は準備である。本書の主張を理解するためには、前もって刑罰および〈罰すること〉についての一定の理解を形成しておく必要がある。それゆえ第Ⅰ部では「刑罰は何のために？」を導きの問いとして制度的な罰について複数の角度から論じる。最終的に「刑罰の意味の多元主義」という立場が提示されるだろう。

第Ⅱ部は問題提起である。現在、さまざまな科学的成果（例えば神経科学や社会心理学の実験）にもとづいて《人間は自由な選択主体でない》と主張する議論が存在する。そしてここから《人間は自分の行為に責任を負えず、ひとを責めたり罰したりすることはナンセンスだ》と論じられることがある。第Ⅱ部はこうした問題を具体的に提示する。そこでは有名なリベットの実験やミルグラムの実験から出発する議論が紹介されるだろう。

第Ⅲ部は問題解決である。「はたしてひとを責めたり罰したりすることは無意味なのか」という問いへ本書は「否、無意味ではない」と答える。そのさい、「人間の生の一般的な枠組み」をキーワードとして、《人間の生において責めや罰がどのような位置づけをもつのか》が確認される。そこでの議論は先述のピーター・ストローソンからインスピレーションを得たものであり、この哲学者の考え方の「精神」あるいは「神髄」も明らかになるだろう。ちなみに最終章ではいわゆる「刑罰廃止論」についてどう考えるべきかも考察される。

I

第一章　刑罰は何のために？――〈応報〉と〈抑止〉

1　なぜ刑罰について考えるのか

第Ⅰ部のテーマは「刑罰」である。

序で述べたように本書は「刑罰」と「罰」を区別する。すなわち、前者が制度化された罰を指すのにたいし、後者は制度化にかかわらない罰も含む。ポイントを繰り返せば、人為的に法や掟を定めることで創設される刑罰のほかに、そうした取り決めによらずに行なわれる罰も存在する、ということである。第Ⅱ部以降では、制度化されるかどうかにかかわらず罰一般がメインの主題になるのだが、第Ⅰ部ではその準備として制度的罰、すなわち「刑罰」について考えていきたい。

では具体的に何が論じられるのか。それは刑罰の目的、あるいは刑罰の機能や役割である。あるいはひとことで言えば〈刑罰の理解可能性〉が問題となる。第I部（第一章から第三章）では「刑罰は何のために？」を導きの問いとして、刑罰の目的・意味・機能が多角的に考察される。最終的に、序で予告したように、「刑罰の意味の多元主義」という見方が提示されるだろう。

本論へ進む前にいくつか注意がある。

第一に、なぜ刑罰が論じられるのか。その理由は本書の究極の主張を述べるために役立つからである。じつに本書は終盤において〈必ずしも制度化されない罰〉すなわち〈罰すること一般〉を主題とするが、そこで行なわれる主張の要点をつかむには、その前段階として刑罰を深く考察することが不可欠だ。この作業が欠ければ、制度的な罰と制度化されない罰との混同が起こり、ポイントがぼやけてしまう。

第二に、以下では「刑罰は何のために？」という問いが考察されるが、この問いの何が重要なのか。答えて曰く、大半のひとは刑罰の目的や機能としてわずかなことしか知らない。具体的には——本章で取り上げられるが——〈抑止〉と〈応報〉ぐらいは知られているが、それ以外はめったに言及されない。だがこれでは見方が狭いのである。そして「刑罰は何のために？」とあらためて問い直すことは私たちの刑罰観を広げるのに役立つ。

第三に、なぜ刑法学を差し置いて哲学が刑罰を論じるのか。これは重要な疑問である。なぜなら刑法学こそが刑罰という制度を長らく研究してきた分野であるからだ。とはいえ、第I部の議論全体から明らかになるように、刑罰にかんして哲学が有意味に語りうる事柄は存在する。じつを言えば、この点を納得していただくことが第I部の目標のひとつだが、その事柄とは――先取りして言えば――刑罰の理解可能性にかかわる話題である。

第四に、第I部の中心的な主張、すなわち刑罰の意味の多元主義とは何なのか。具体的には見て確かめてもらうしかないが、《これは私たちにとって有益な視座だ》という点は前もって述べておきたい。すなわち、この多元主義は私たちが《刑罰とは何か》を深い次元で理解するために役立つ観点である、ということ。第I部の別の目標はこの視座を形成することである。以下では刑罰をめぐる多くの事例が取り上げられるが、それをひとつずつ見ていくことはあなたがもつ概念のつながり方を変えるだろう。そしてあなたは、最終的には、「刑罰」というものを新たな仕方で見るに至る。刑罰という制度をこれまでとは違った仕方で眺めることのできる視座の形成――これも第I部の目標である。

第一章はイントロダクションである。議論は以下の順序で進む。

はじめに「刑罰とは何か」を考察し、第Ⅰ部の探求の対象領域を画定する（第2節）。つぎに、さまざまなあり方の刑罰に通底する共通内容を押さえ、そこから生じうる哲学的問題、すなわち刑罰の意味をめぐる問いを定式化する（第3節）。続けて、この問いへの代表的な答えである〈抑止〉というアイデアを見るが（第4節）、刑罰の意味はこれに尽きない。最後に――本章の積極的な指摘として――《刑罰の意味は決して抑止だけではなく、そこには応報の意味もある》という点を確認する（第5節と第6節）。

2 刑罰とはなんだろうか

そもそも刑罰とは何か――この問いへ答えるには、第一に、現代の日本の法律で定められた刑罰を見てみるのがよい。最近まで日本の刑法は刑罰として次のものを認めていた。

死刑・懲役・禁錮・拘留・罰金・科料

ただし二〇二二年の法改正の結果、現在では「懲役」と「禁錮」が廃止され、これらは

「拘禁」に一本化された。いずれにせよ、それぞれ簡単に説明しておこう。[1]

罰金と科料はいわゆる「財産刑」であり、国がお金を徴収する刑罰である（ふたつの違いは金額であり、一万円以上が罰金、一万円未満が科料とされる）。懲役・禁錮・拘留は「自由刑」、すなわち自由を奪う刑罰だ。懲役と禁錮は三十日以上の拘束期間を伴い、拘留は三十日未満。では懲役と禁錮の違いはと言えば、それは刑務作業があるかないかである。すなわち、刑務所内で何かしらの作業に従事せねばならないのが懲役であり、その必要のないものが禁錮である（ただし禁錮受刑者の多くは自ら請願して作業に就く――というのも刑務所内で何もしないのは退屈でつらいから）。とはいえ懲役刑と禁錮刑はすでになく、いまあるのは拘禁刑だ。これも自由刑であり、刑務作業が義務でなく代わりに矯正教育を行なうなどと更生プログラムに柔軟性があるのがその特徴だと言える。最後に死刑は、ご存じのとおり、生命を奪う刑罰である。この刑罰は英語で“capital punishment”と呼ばれるが、直訳すれば「筆頭の刑」（というのも“capital”はラテン語の「頭（caput）」に由来するので）、要するに「最高刑」のことである。

以上を踏まえると「刑罰とは何か」に対してさしあたりの答えを得ることができる。その答えは、現代日本において刑罰は死刑・拘禁・拘留・罰金・科料だ、というものである。

じっさい――細かい話を無視すれば[2]――現行の刑法の九条に「死刑、拘禁刑、罰金、拘留及び科料を主刑とし」とあるように、現在の日本にはこの五種類の刑罰しかなく、いまのわが国の刑罰はこれですべてだと言えるからである。

とはいえ、現代の日本の外部へ目を向けて、違った時代や異なる国のことを考慮に入れると、「刑罰とは何か」にたいする前段落の答えが不十分であることが分かる。例えば――歴史書を読んだりして知られることだが――江戸時代の日本にはいわゆる身体刑として「敲《たたき》」というものがあった[3]。これは犯罪者を笞《むち》で一定回数たたく刑罰である。あるいは古代の秦の時代の中国には、同じく身体刑として〈顔に入れ墨を施す〉や〈男性器を切る〉などの刑罰があった[4]。後者のケースは次章で詳しく論じられるので、ここでは「敲」のほうを一歩踏み込んで見てみよう。

敲のやり方はおおむね以下の通りだ[5]。まず犯罪者を腹ばいにさせ、下男四人で手足を押さえる。そして打役の者が笞で犯罪者の肩や尻を打つ。気絶させないように注意しながら五〇回ほど打つらしい。ちなみに法制史家の石井良助は、打たれ方のコツとして、「がいして、打たれるときに大きな声をあげて泣き叫ぶと、打役は自然に軽く打つようになり、黙っている者ほど強く打つ気味があるので、囚人の間では、打たれるとき大声をあげて泣

くにしかず、と言われていたという」と報告している。(6)

もちろん現代の日本では以上のような身体へ直接的に侵襲する刑罰は行なわれていない。とはいえ——ここで押さえたい点だが——それでも江戸時代において「敲」は公的に定められた刑罰であった。また秦代の中国において〈顔に入れ墨を施す〉や〈男性器を切る〉は制度化された、れっきとした刑罰である。それゆえ「刑罰とは何か」を哲学的なレベルで考えるさい、拘禁や罰金などの現代日本で定められた種類のものへ探求の範囲を限定してはならない。むしろ「敲」なども刑罰の一種として認めうるような広い観点に立つ必要がある。これは本書で採用するアプローチであって、以下では「刑罰」の外延をできる限り広く捉えたい。すなわち、自由刑や財産刑や死刑だけでなく、他の時代や他の文化で行なわれてきた制度的な罰も真正な刑罰だと考えたい、ということ。そしてそのうえで「刑罰とは何か」や「刑罰は何のために行なわれるのか」を考えていきたい。

3 刑罰の意味をめぐる問い

したがって以下では「刑罰」という語で、現行刑法で認められた死刑や拘禁などだけではなく、笞刑《ちけい》や入墨刑などの異時代的・異文化的な刑罰も指すことにする。かくして刑罰の具体例は列挙できないほど多く存在することになる。例えば著しく残虐な刑罰としては、古代ローマで行なわれていた磔刑《たっけい》（十字架にはりつけて死刑にする）や火刑（直接に火で焼いたり釜茹でや蒸し焼きにしたり）などがあるが、(7) これらも本書の認める「刑罰」の外延の一部である。おそらくまだ私の知らないタイプの刑もこの世には存在するだろう。

こうした刑罰の多様性を目にするとき、次の問いが生じる。はたしてさまざまな刑罰のすべてに通底する「刑罰」の一般的な内容はあるだろうか。はたして一般的に刑罰とはどのような特徴をもつ営みなのか。刑罰全部に共通する特性は何か。あるいはそもそもそのようなものはあるのか。

この問いへの答えは「ある」というものだ。じっさい刑罰はすべて苦痛を含む。この〈苦痛〉というものが刑罰全般の特徴（の少なくともひとつ）である。

例えば笞刑には明らかに痛みが伴う。また罰金や科料などの財産刑にかんしてもそこには〈お金を奪われる苦痛〉が伴う。では死刑はどうか。ひょっとすると《死刑が執行されると苦痛を感じる主体が消滅するので、死刑には苦痛は伴わないのではないか》と考えるひとがいるかもしれない。とはいえ、死刑においては自己の生命という犯罪者本人にとって価値のあるものが奪われるのであるから、この意味（すなわち価値剝奪という意味）で死刑にも「苦痛」あるいは不利益が伴うと言える。こうした点は刑法学でも強調されており、例えば前節で参照した刑法学者・山口厚は「刑罰は苦痛であり、加害性、利益侵害性がその必須の本質となっている[8]」と述べる。以下では不利益あるいは利益侵害性も含めた意味で「苦痛」という語を用いる。

おそらく《刑罰にはつねに苦痛が伴う》という命題は文句なしに受け入れられると思う。そしてこの命題は受け入れて問題ない。とはいえ、この命題を受け入れるとき、刑罰をめぐってひとつの問いが生じる。それは「ではなぜ刑罰は行なわれるか」という問いである。正確に言えば「ひとに苦痛を与えるところの刑罰という制度はなぜわざわざ設けられるのか」という問いだ。あるいはもう少し簡単に言えば「なぜわざわざ苦痛を生み出すような制度が置かれるのか」となる。――以下では、こうした問いがどのようなロジックを通じて姿を現すかを説明したい。

第一に、苦痛とは「ネガティブな」ものであり、一般的に、敢《あ》えてそれを生み出す理由は無い。たしかに状況によってはひとへ苦痛をもたらすことが理解可能な選択たりうるが、それでも《特別な理由が無い場合にみだりに苦痛を引き起こしてはならない》という命題は否定できない。より正確に言えば次だ。すなわち、ひとに苦痛を及ぼす制度について《なぜそれが行なわれるのか》の理由が不明な場合には、その制度は私たちにとって理解不能なものにとどまる、と。それゆえ、そのタイプの制度が私たちにとって意味の分かるものとなるためには、それを設置するためのしかるべき理由が見出されねばならない。

かくして――話を第二のステップへ進めると――先に《刑罰は苦痛を含む》と指摘されたが、この命題は問題を引き起こす。はたして刑罰にはそれ相応の理由があるのか。なぜ敢えて刑罰のような〈苦痛を伴う制度〉が置かれているのか。いったい刑罰は何のためのものなのか。はたして刑罰の意味は何か。

このように《刑罰は苦痛を含む》という命題は「では刑罰は何のために?」という問いを招来する。だがこの問題は何を問い求めているのか――これについてはさらに踏み込んで説明できる。

じつにこの問題において問い求められているのは刑罰の目的や機能である。なぜなら、たとえ刑罰がかならず苦痛の要素を含むとしても、そこに何かしらの目指す先や役割が見出されるのであればこの制度はそれとして理解可能なものになるからだ。かくして「刑罰は何のために?」という問いはその目的や機能を明らかにすることで答えられる。したがって目下の問題で問われていることは、具体的に言えば、「刑罰の目的は何か」や「刑罰はどんな機能や役目を担うか」である。本書はこれらを総称して「刑罰の意味をめぐる問い」と呼ぶ。なぜなら、何かしらの目的があったり機能を具えていたりするものは、私たちにとって意味の分かるものだからである。

刑罰の意味をめぐる問い——これが第I部の議論全体を導く問いだ。この問いが何を問題にしているかはさらに別の角度から説明できる。

この問いは、ひとつの捉え方では、《刑罰はどの点でたんなる暴力と異なるか》を問題にしている。じっさい何の目的も機能もない苦痛を与えることは「たんなる暴力」と呼ばれうる。そして刑罰の目的や機能を明らかにする作業は、それをたんなる暴力から区別する作業でもある。言葉の通常の用法からしても、刑罰は決してたんなる暴力ではない。では刑罰とたんなる暴力はいったいどの点で異なるのか。どんな目的や機能のおかげで、刑罰はたんなる暴力から区別されるのか。

あるいは刑罰の意味をめぐる問いは——前段落の考察を踏まえて言えることだが——刑罰の理解可能性を問題にしているとも解されうる。ここまで《刑罰には何かしらの目的や機能がなければならない》と指摘されてきたが、どんな目的や機能でもOKなわけではない。それは、刑罰をちゃんと「刑罰」たらしめるような目的、あるいは刑罰をしてきちんと「刑罰」の名に値せしめるような機能でなければならない。要するに、刑罰をそれとして理解可能なものにする目的や機能、こうしたものが問題になっているのである。

いったんまとめよう。

第Ⅰ部では、以上で説明された、刑罰の意味をめぐる問いに取り組む。そこでは「刑罰は何のために？」が問われるが、結果として、そのさまざまな目的や機能が明らかになるだろう。こうした具体的考察を踏まえて、第三章の終盤で第Ⅰ部の中心的主張、すなわち刑罰の意味の多元主義が提示されることになる。

本節の最後に重要な注意をひとつ。

第Ⅰ部で取り組む〈刑罰の意味をめぐる問い〉は、刑法学でしばしば論じられる〈刑罰の正当性をめぐる問い〉とは区別される。なぜなら、後者が《刑罰はいかなる理由から正しい制度と見なされうるか》を問題にするのにたいして、前者は基本的に〈正しさ〉を問題にしないからである。《はたして本書の哲学的関心は刑法学のそれとどの点で異なるのか》は学問的にかなり重要な論点なのだが、大半の読者にとってこの話題は専門的すぎるだろうから、コラム（第三章末尾にある）に回してそこで説明したい。本論のこの文脈で押さえるべきは――読み進めていくとおのずと気づかれることだが――第Ⅰ部では「刑罰は正しいか？」ではなく、それと独立した仕方で「刑罰は何のために？」が問われる、という点だ。刑罰の正当性は重要な話題なのだが、本書の関心には属さない。以下では刑罰の理解可能性こそが中心的なテーマとなる。

4　抑止効果

さっそく刑罰の目的や機能を考察しよう。

第一に押さえるべきは次だ。すなわち、伝統的かつ今日的に「刑罰は何のために？」という問いに対して提示される答えのひとつに〈抑止〉がある、と。この〈抑止〉とは犯罪抑止のことであり、刑法学者はそれをさらに下位区分にわけたりする。[9] 本章はとりあえず刑罰が一般的にもつ抑止効果に焦点を合わせたい。[10] このタイプの抑止がどのようなものかはいくつかの実例を眺めることで理解できる。

以下の罪と罰のケースを見てみよう。どれも実在するケースである。

・漢の高祖（劉邦）の時代、韓信という武将がいた。あるとき、彼の知り合いである某武将が反乱の兵を挙げた。高祖は乱平定のために出陣したが、韓信は病気を理由に従軍しなかった。そしてむしろ反乱軍に加勢しようとした。だがその後、事情が知られ、韓信は高祖の側の人間に捕獲される。彼は、いわゆる「謀反」の罪によって、族刑（父母や妻子を含むいわゆる三族全員と共に死刑）に処せられた。

・Xが泥酔した仲間を介抱しながら歩いていたところ、その仲間が暴れ出したためにうんざりして置いて帰った。その後、その仲間は電車に接触して死亡した。Xは、保護責任者遺棄致死罪として、懲役一年六カ月の実刑に処せられた。

・Yは二四〇キログラムの覚せい剤を熊本港付近で密輸した。そしてそれを暴力団に卸して合計五億円を得た。が、その後、指名手配となり逮捕。けっきょくYは覚せい剤取締法違反として無期懲役（加えて罰金一〇〇〇万円）に処せられた。

こうしたケースをめぐって考えていただきたいのは「漢という国はどういう目的で族刑という厳しい処罰を採用しているのか」や「酔っ払いの仲間を置き去りにすることや覚せい剤を密輸することに刑罰を科す意味は何か」である。答えは今後見ていくようにひとつではないのだが、それでもすぐに思いつく考え方がある。

じつに、もし謀反を企てた者に族刑という過酷な処罰が下されることが決まっているのであれば、たいていのひとは皇帝に逆らう勇気をもたないだろう。例えば私自身について言っても、韓信の最期を知ると、「帝国に逆らうのは止めた方がいいのでは」と感じてしまう。このように族刑という厳しい刑罰には〈一定の犯罪が起こるのを抑える〉という効果がある。これは残りのふたつのケースについても同様だ。酔った仲間を放置して死なせることへ刑罰を科すことは、それによって未来に同種の行為がなされることを防ぐ効果をもつ。覚せい剤の密輸を厳罰に処する仕組みが置かれれば、覚せい剤密輸の発生件数は減少するだろう。このように一定の行為に刑罰を科すことは、一般に、その種の行為が予防されるという結果を生む。この効果が「抑止」と呼ばれるものである。

刑罰が何かしらの抑止効果をもつことは疑う必要がない（それゆえここでも疑わない）。そして〈抑止〉というアイデアは刑罰の有意味さを説明してくれる。なぜなら、〈犯罪の件数を減らすこと〉というのはまともな目的であり、「刑罰がこの目的をもつ」と述べることは「この制度は何のために？」へのちゃんとした答えのひとつになっているからだ。かくして次のように言える。刑罰は〈抑止〉の意味をもつ、と。

5 応報とは何か――正義のバランス

いまや本章後半の中心的指摘を述べることができる。たったいま刑罰の抑止効果が説明されたが、この制度の役割はこれだけではない。それは〈応報〉にかかわる機能も具える。刑罰の意味には〈応報〉もある――このテーゼをつかむことができれば本章の要点を押さえたと言ってよい。とはいえ応報とは何か。以下、順を追って説明する。

第一に確かめるべきは《抑止だけで刑罰の意味は尽くされない》という点だ。この点を確認するために思考実験をしてみよう。以下のような架空のケースを考えてみたい。

世界的な企業の社長であるAが自らの欲求を満たすために連続して無差別に七人の人間を殺害した。Aの「仕事」を手伝っていた秘書が良心の呵責に耐えられず通報し事件は発覚。Aは逮捕され判決は死刑だった。

死刑囚棟で暮らし始めたAは――その財力と人脈を駆使して――司法取引を試みる。曰く、知り合いの富豪にわが国へ一兆円寄付させるので、世間的には死刑が執行されたことにして、命だけはこっそり助けてくれないか。いや、もちろん死刑の抑止効果というものは知っているが、《執行された》ということが世間に認められれば実際に執行しなくても同じだけの抑止効果が得られるだろう。さいわい、わが国では死刑は非公開だ。……分かった、ではもし命を助けてくれるなら、さらにもう一〇〇〇億円、別の富豪から犯罪抑止基金のための寄付をとりつけよう。こうなると、私の命を救った方が犯罪抑止効果は増すことになる。

自分の犯した殺人を金脈の力によって隠蔽しようとする——こうしたことを行なう人間にこそ重罰はふさわしい、と感じられるかもしれない。もちろんAの財力と人脈にはまったくリアリティがないが、この点は〈要点を明確にするための極端化〉ということで目をつぶっていただきたい。そしてこの事例に即して《刑罰の意味は抑止に尽きない》という点を確認する。

Aの言い分をあらためて見てみよう。この人物によれば、第一に、刑罰を現実に執行しなくても世間が「執行された」と信じることで同程度の抑止効果が得られる——それゆえ、抑止効果が刑罰の役割であるならば、じっさいに執行しなくてもこの役割は果たされうる。

また第二に、Aの処刑が行なわれない場合、それが行なわれたときには創設されない犯罪抑止基金が創設されるので、Aを処罰しない場合のほうが抑止という目標をよりよく実現できる。それゆえ、刑罰の意味が犯罪抑止に尽きるのであれば、Aを罰することには意味がないことになる。ではじっさいのところAを罰することに意味はあるのかないのか。

答えは「ある」である。じっさいにAを罰することは無意味ではない。より正確には、私たちはこの人物を罰することが有意味だと考えうるのであり、たとえ――ポイントを明確化するための仮定として――《Aを罰さないほうが今後の犯罪抑止につながる》という極端な想定を完全に認めたとしても、私たちは「Aを処罰することには意味がある」と言いうる、ということだ。だがそうなると次を問わざるをえない。〈抑止〉でなければ、Aを処罰することに何の意味があるのか。

じつに――これから見ていくように――刑罰の意味は多種多様でありうるが、目下の文脈では〈応報〉を挙げることができる。じつにA氏のようなケースについては応報こそが処罰の第一の理由になってくれる。では応報とは何か。

応報とは〈正義〉に関わる概念だ。ここでの正義はある種のバランスのことである。例えば（古代社会にありそうなケースだが）Bという人物が罪のない他人の目をつぶしたとする。この場合、Bが何の「お咎め」もなく、その後ものうのうと暮らしていたとすれば、これはバランスを欠く状態だと言わざるをえない。すなわち、あるひとが他人を一方的に害し、そのしかるべき報いを受けず平然と生きているという状態はバランスが悪い、ということである。逆に、罰として例えばBの目をつぶしたりすれば、失われたバランスは回復される。なぜなら、その場合には〈他人へ行なったこと〉と〈自分が被ること〉の釣り合いが確保され、《Bが他人を一方的に害した》という状況が取り去られるからである。

もちろん現在では、いろいろな理由から《他人の目をつぶした者は自分の目をつぶされる》という単純な「同害報復」は行なわれていない。その一方で同害報復という古代的な刑罰を見ることは「刑罰は何のために？」の理解を深めてくれる。じつに刑罰には、他人へ危害をおよぼしたひとに同程度の害悪を返して〈行ないと報いのバランス〉を保つ、という機能もある。このバランスは「正義のバランス」と名づけられるものであり、《よい行ないをするひとによい報いがあり、悪い行ないをするひとには悪い報いがある》というのがバランスの確保された状態である。けっきょく刑罰には〈他人を一方的に害したひとがいるという不均衡状態をただす〉という機能もある。そしてこの機能が「応報」と呼ばれるのである。

以上の〈応報〉の概念は《Aへの処罰が何になるのか》を理解するのに役立ってくれる。Aのケースはきわめて特殊な極限的ケースであり、そこでは〈抑止〉の概念が刑罰の理由づけになってくれない（なぜならAを罰することは、特殊な条件のために、将来の犯罪数を減らすことに寄与しないからである）。とはいえそこでも、一方的にひとを害したAが何の報いも受けずにのうのうと生きているのはバランスが悪い、という応報の理屈は成り立つ。そして、こうした理屈のために、Aへの処罰は意味のあるものになる。本節の議論をまとめれば次。すなわち、刑罰の意味には〈抑止〉だけでなく〈応報〉もある、と。

6　応報と抑止

以上の議論のポイントは、〈抑止〉という基準では有意味と言えなかった刑罰が〈応報〉の基準で理解可能になった、という箇所である。ここでは有意味性や理解可能性が問題になっており、決して〈正しさ〉が問題になっているわけではない。この点は重要であるのでじっくり説明しよう。

現在――刑罰論の現状に触れると――〈応報〉を嫌うひとがいる。より正確には、応報という観念を旧時代の遺物として捨て去ろうとするひとがいる（例えば、応報刑は復讐という因習の残滓だ、などと考えられたりする）。そうしたひとの多くは、〈抑止〉を刑罰の唯一の意味と見なし、犯罪抑止に寄与する制度的罰だけを「正しい刑罰」と認めるべきだと主張する。そうしたひとにとって〈応報〉は刑罰を正当化するための理由たりえない。それゆえ前節で取り上げた理路（すなわち、一方的にひとを害した人間が何の報いも受けずにのうのうと生きているのはバランスが悪い、という理路）も刑罰の正しさの根拠たりえない。

ここでは《何が刑罰を正しいものにするか》や《正当な刑罰はどのようなものか》が問題になっているが、先にも述べたように、こうした刑罰の正当性をめぐる問いへは本書は立ち入らない。じっさい——この点を押さえるのは重要だが——前節の議論も決して、〈応報〉の観念は刑罰の正しさを説明する、などと主張するものではない。そこで問題になっていたのは正当性よりも「手前の」事柄である。じっさい、そこでは《刑罰は応報の意味をもつ》と指摘されたが、決して《刑罰は応報の意味をもつがゆえに正当な制度だ》などとは主張されなかった。

この話題はコラムで論じられることにかかわるので、ここではこれ以上踏み込まない。いずれにせよ、本章だけでなく次章と次々章においても刑罰の正しさは問題になっていない、という点は心にとめられたい。《第I部が正しさの問題を扱っていない》という事実は次章以降の議論を通じてより具体的に明らかになるだろう。

最後に応報と抑止の違いについてひとこと付け加えておく。本章では《刑罰は抑止だけでなく応報の意味もある》と指摘されたが、《応報と抑止は互いに区別されるアイデアだ》という点は別の角度から敷衍《ふえん》できる。すなわちそれらは「過去向き／未来向き」という軸で対比できるのである。

じつに、刑罰を〈抑止〉によって意味づけることは、刑罰を将来的な効果で意味づけることである。この意味で〈抑止〉は刑罰の「未来向き（forward-looking）」の意味だと言える。その一方で、刑罰を〈応報〉で意味づけることは、すでに行なわれた悪事との関係で刑罰を意味づけることである。この点に鑑みると〈応報〉は刑罰の「過去向き（backward-looking）」の意味である。

応報は過去向きだ――というのは刑罰という制度を理解するさいには無視できない点である。例えばAが「いまさら自分を死刑にしても、殺された者が帰ってくるわけでもないし、何の意味もないではないか」と抗弁したとしよう。だが、応報の観点から言えば、未来向きの利益がひとつもなくてもAを罰することには意味がある。なぜなら、この人物を罰することで、彼の過去の行為によって生じたアンバランス(Aが他人を一方的に害したという状態)が是正されるからだ。このように〈応報〉の機能はすでに生じた悪にかかわる。そしてまさにこの点を理由に、「刑罰によって将来における利益が増大することはない」という理路は、刑罰の有意味性にたいする決定的批判たりえないのである。

とはいえ——第Ⅱ部以降の話題だが——〈応報〉の概念には無視できない問題がある。後に見るように〈応報〉の概念はいくつかの概念と結びついてはじめて使用可能になる(それらがどんな概念かは第Ⅱ部で説明される)。だが幾人かの論者は、〈応報〉と不可分に繋がった概念のいずれかについて、「それは矛盾している」や「それは科学的に否定されている」などと主張する。こうした論者は〈応報〉の概念それ自体が無意味だと言う。かくして問題は次だ。そもそも〈応報〉の概念は使用可能な「まともな」概念なのか。

この問題へは第Ⅱ部で戻ってくることにしよう。次章と次々章では「刑罰は何のために?」の理解をさらに深めたい。そうした考察から、繰り返し予告されるところの、刑罰の意味をめぐる多元主義の見方が導き出されるだろう。

第二章　身体刑の意味は何か？――〈追放〉の機能

1　抑止と応報にとどまらない刑罰の意味

前章では、「刑罰は何のために？」という問いが提起され、《刑罰の意味は抑止に尽きず、応報も刑罰の重要な機能だ》と指摘された。この議論の流れからは次の問いが提起されざるをえない。それでは、はたして刑罰の意味は抑止と応報ですべてか。抑止と応報というふたつのアイテムだけで「刑罰は何のために？」という問いは完全に答えられるのか。

答えは「否」である。刑罰の意味は他にもある。なぜなら、歴史的な事例へ目を向けるならば、〈抑止〉と〈応報〉のふたつの概念だけでは理解できないような刑罰実践が観察できるからだ。かくして、刑罰という制度を十全に理解しようとするさいには、その意味を〈抑止〉と〈応報〉に限定してはならない。私たちは刑罰へ〈抑止〉または〈応報〉以外の意味を付し、そのうえでこの制度を運用することができるのである。

議論の見どころをあらかじめ明示しておこう。以下では《刑罰の意味は抑止と応報に尽きない》と指摘されるのだが、この指摘が歴史的な考察から得られる点は看過してはならない。「刑罰は何のために？」を一般的に理解しようとするときには現代の事例に話を限定することはできない――そして、現代に属さない事例（歴史的事例）へ目を向けるときにこそ、刑罰の多様な意味は如実に姿を現すのである。

本章の議論は以下の順序で進む。はじめに古代の刑罰で行なわれていた身体刑のケースを確認し（第2節）、それらが〈抑止〉や〈応報〉のみならず〈追放〉の意味をもちうることをつかむ（第3節から第5節）。次に一歩踏み込んで《刑罰と追放は一般にどのような関係にあるのか》という哲学的な論点を考察する（第6節）。そして最後に、以上の議論と現代の刑罰との関わりを検討する（第7節）。

2　古代中国の身体刑

具体的な話から始めよう。中国古代史の研究者である冨谷至はその著書(1)で秦代の刑罰を紹介しているが、それが本章の関心にとってたいへん有益な議論となっている。

現代日本と比べたときの古代中国の秦の刑罰の特徴は「肉刑」と総称されるさまざまな身体刑を含むことだ。具体的には例えば以下のものがある。

黥《げい》…顔に入れ墨をほどこす
劓《ぎ》…鼻をそぐ
刖《げつ》…足を切断する
宮《きゅう》…男性器を切除する（女性にたいしては生涯宮中に幽閉する）

肉刑あるいは身体刑の定義はおおよそ〈身体に侵襲して肉体の一部を損傷したり肉体的苦痛を与えたりする刑罰〉である。それゆえ前章で紹介した江戸時代の「敲」もこのタイプに含まれる。ちなみに鎌倉時代ごろには庶民にたいして、鼻を切る刑や指を切る刑、あるいは〈顔に焼き印を入れる〉という「火印刑」、などといった苛酷な身体刑が行なわれていた。(2) なぜこれらが庶民向けなのかと言えば——歴史家が説明するところでは——身分の低い者は土地や金品を所有していないため、没収などの財産刑の対象たりえないからである。

さて以下の議論にかかわってくる歴史的事実をひとつ押さえよう。先述の中国史家・冨谷至によれば、秦から漢（前漢）へ王朝が移り変わった後、〈肉刑の大幅な取り止め〉という注目すべき出来事があった。細かな点まで知る必要はないが、前漢の第五代皇帝の頃（よりピンポイントに言えば紀元前一六七年）、黥《げい》も劓《ぎ》も刖《げつ》も廃止され、肉刑は宮《きゅう》のみになった。そしてその代わりといった具合に〈結われた髪を切ってざんばらにする刑罰〉である「髠《こん》」が広く用いられるようになった。(3) この髠刑は一般に肉刑の一種でないとされるようだが、この分類の妥当性はここでは問題にしない。ここで押さえてほしいのは、《漢代に黥・劓・刖などの刑罰が廃止されて髠に置き換えられた》という歴史がある、という点だ。これを知っておくとこれからの議論の理解度が増す。

3 苛酷で残虐な刑罰に何の意味があるのか

では以下で取り組む問題を定式化しよう。なぜ肉刑のようなことが行なわれるのか。すなわち、身体に侵襲する処罰はどう考えても苛酷かつ残虐であるが、なぜわざわざこのタイプの刑罰が採用されているのか。

この問いへは複数の答えがありうるが、すぐに思いつくひとつは《まさにその苛酷さと残虐さこそが肉刑の採用の理由である》というものだ。前章で《刑罰は犯罪抑止の役目をもつ》と言われたが、苛酷かつ残虐な刑罰はこの目的へ大いに資する。なぜならある行為に科せられる刑罰が苛酷かつ残虐になればなるほど、一般的に、同じ種類の行為をおこなおうとするひとの数は減るだろうからである。このように「なぜ肉刑などが採用されるのか」の答えのひとつは〈抑止〉の概念に訴えることで得られる。

あるいは先に触れたことだが、財産刑というソフトな刑罰が庶民には適用しがたい（なぜなら庶民はふつう財産をもたないから）、なども理由のひとつたりうる。じっさい、土地や金品を所有しないひとも必ず自己の身体をもつので、財産刑が適用できない一般庶民にたいしても身体刑は意味がある。もちろん肉刑の「野蛮さ」はこの種の刑罰のデメリットでありうる。とはいえその〈広い適用可能性〉はそうした欠点を補う利点だと言えるかもしれない。現代の国家の大半はいろいろな理由から肉刑を行なっていないが、古代においてそれが便利な刑罰であったことはそれなりに理解できる。

とはいえ――急いで付け加えるべき注意だが――本章の主張は決して《肉刑は便利なので現代社会でも用いられるべきだ》などではない。なぜならそもそも、繰り返し述べるように、刑罰の正当性をめぐる問い（例えば、身体刑は正当な刑罰としてわが国の司法制度に採り入れられるべきか、など）は本書の関心に属さないからである。それゆえ、例えば《死刑は存置すべきか廃止すべきか》というホットな問いにかんしても、本書はとくに意見をもたない。むしろ本書の関心が向かう先は刑罰の意味である。本章で肉刑が取り上げられるのはこの関心のためだ。じっさい、古代中国で採用されていた肉刑のケース・スタディを行なうことで、「刑罰は何のために？」の理解が深められるのである。

あらためて問おう。肉刑に何の意味があるのか。古代中国の秦で身体刑が採用されていた理由の候補としてここまでふたつの事柄――すなわち《肉刑が高い抑止効果をもつこと》と《肉刑が広い適用可能性を具えること》――が挙げられたが、はたしてこれがすべてだろうか。答えは「否」である。古代中国における身体刑にはより深い意味がある。以下この点を確認したい。

4　社会からの排除

考察へ進むに先立ち結論を先取りしておこう。古代中国における身体刑のより深い意味について、先述の冨谷の著書には次の指摘がある。

中国古代の肉刑がいかなる性格をもつものであったのかについて、ここに興味深い説が出されている。すなわち、肉刑という身体的毀傷を与えることは、社会の一員と看做さないことを表わし、害悪をなす者を衆人一致して棄絶し、社会から排除することにほかならないという考え方である(4)［…］。

ここでは、古代中国の肉刑は〈追放〉の意味をもつ、と述べられている。すなわち、身体に入れ墨を施したり、肉体の一部を棄損させたりすることが、〈社会からの排除〉の意味をもつ、ということだ。とはいえなぜそう言えるのか。いかにして身体刑は〈追放〉の意味をもちうるのか。この点を冨谷はていねいに説明する。

第一に押さえるべきは当時の中国の状況である。古代の中国において、いわゆる「中華」の外の世界に生きる異民族は野蛮な存在と見なされていた。例えば――これは世界史を学んだことがあるひとはよく知っているだろうが――中国にとっての異民族は「匈《きょう》奴《ど》」・「鮮卑《せんぴ》」・「突厥《とっけつ》」などの名称で、〈野蛮な他者〉として表象されていた。要するに、古代の中国にとって異民族は野蛮な外部であり、「人間」の生きる空間は中華の共同体の内部であった、ということだ。

次に――話を第二のステップへ進めると――冨谷は、中国の昔の経書に記載されている次の記述を紹介する。[5]

・東方を夷狄《いてき》と曰う。髪を披《ひら》き身に文《いれずみ》す。(『礼記』より)
・呉は、夷狄の国なり、髪を祝《たち》て身に文す。(『春秋穀梁伝』より)

いずれの記述においても、いわゆる夷狄(すなわち東方などに住む異民族)が、髪を結わずにざんばらにし（髪を抜き、髪を祝て）、身体に入れ墨をしている（身に文す）、と述べられている。じつに当時の中国において〈ざんばら頭〉や〈入れ墨〉は、中華の暮らしに属すものでなく、むしろ異民族の風習であった。ここから冨谷は次の点を指摘する。すなわち、当時の中国において〈ざんばら頭〉や〈入れ墨〉は異民族のシンボルと認知された、と。言い換えれば、結わない髪や顔の入れ墨が〈中華の共同体のメンバーでないこと〉のしるしとして機能した、ということだ。

以上の二点を踏まえると《なぜ黥や髠が追放の意味をもちうるのか》も理解できる。まず黥について考えてみよう。

黥は〈顔に入れ墨を施す〉という罰であったが、《当時、入れ墨は異民族の風習であった》という事実に鑑みると、このタイプの刑罰は〈犯罪者の身体に異民族のしるしをつけること〉を含み、それによって〈そのひとを中華の共同体のメンバーから排除する〉という機能をもつと言える。冨谷はこの機能を「夷狄であるという烙印をおすこと」と表現し、この行為に「漢人社会からの追放という意味が込められていた」と言う(6)。要するに「顔に入れ墨をしているお前などは中華のメンバーではない」ということだ。こうした仕方で黥は〈追放〉の意味をもちうるのである。

以上より、先に言及した歴史的出来事が、すなわち《漢代になって肉刑のほとんどが廃止されてその代わりに髪をざんばらにする髠刑が広く行なわれるようになった》という出来事の意味が、さらに深い次元で理解できる。ポイントは、黥などの具えていた〈追放〉の機能が髠へ引き継がれた、という流れだ。経書の引用で見たように〈ざんばら頭〉もまた異民族のしるしである。そして髠刑は犯罪者にこのしるしを与えることで「夷狄」の烙印を押す。漢代に肉刑が廃止されていった理由はいろいろな仕方で分析できるが、おそらく主張が可能なこととして次が言える。すなわち、肉刑が廃止されることによって新たな担い手を必要とした〈追放〉の役割は、髪をざんばらにして異民族の烙印を押す髠刑に継承された、と。

ちなみに、黥や髠の具える〈追放〉の機能はシンボリックなものだ、という点は指摘しておきたい。冨谷が指摘するように、肉刑の受刑者は城壁づくりやその警備を行なうなどの就役の罰も科せられていた(7)。要するに、黥や髠を施された後も受刑者は中華の共同体の中で労働させられていた、ということだ。それゆえこれらの刑罰が具える〈追放〉は、あくまで意味上のもの、すなわち象徴的なものだと言える。すなわち〈異民族のしるしをつけること〉で、いわば意味づけのレベルで「お前は中華のメンバーでない」と宣告するのである。

5 刑の軽重と追放の体系

以上が《肉刑は追放の意味をもつ》というテーゼの説明だ。もちろん肉刑の意味の分析は複数ありうるが（そして刑罰の意味づけの多元性こそが第Ⅰ部の主張である）、いずれにせよ《黥や髡は、罪人に異民族のしるしをつけることで、このひとたちを中華の共同体から排除する》という理路はよく分かる。ところで冨谷は刖や劓や宮についても同様の議論を行なっている――そこにも注目すべき論点が含まれるので手短に見ておこう。

本節で取り組む問いは次だ。すなわち、たしかに〈顔に入れ墨を施す〉や〈髪をざんばらにする〉が古代中国において追放の機能をもつことは分かったが、はたして〈鼻を削ぐ〉や〈男性器を切除したり宮中に生涯幽閉したりする〉もこの機能をもつのか。もし劓や宮が追放の意味をもつのであれば、それはどのような理由づけによるのか。

この問いへ答えるさいのキーワードは「刑の軽重」である。じつに、司法システムにおける個々の刑罰は互いに並列的に存在しているわけでなく、軽重のランクのもとに存在する。具体的には――現在の日本の刑罰を例にとれば――死刑が最も重い刑罰であり、それと比して自由刑は軽い（そして、自由刑のうちでも、重いものは長い懲役期間をもち、軽いものの刑期は短い）。そしてこうした刑の軽重は、一般に、罪の軽重と対応する。

さて冨谷によれば、古代中国の肉刑のあいだにも軽重のランクがある。すなわち、黥が一番軽く、その次に軽いのが〈鼻を削ぐ〉という劓、その次が〈足を切る〉という刖であり、肉刑のうちで一番重いのが〈男性器を切る〉という宮である[8]。じつに宮刑というのは死刑より一等軽いだけの罰であり、男性に対しては〈生殖器の切断〉、女性に対しては〈宮中での終身幽閉〉という厳しい措置を行なう。

ここで注目したいのは、こうした肉刑の軽重の区別が〈追放〉の度合いと解釈されうる、という冨谷の指摘である[9]。曰く、鼻を削ぐ劓は、犯罪者から「正常な」容姿を奪うことで、「正常な」人間の領域からの追放を意味する。そして足を切る刖は、犯罪者から有足動物の資格を奪うことで、無足動物という「下等な」レベルへの追放を行なう。さらに生殖器を切断する（あるいは宮中に幽閉して生殖の機会を奪う）宮は、動物の本質である生殖機能を妨げることで、動物界からの追放という厳罰を行なう。このように冨谷によれば肉刑は、体系的に、〈追放〉の意味を有しうる。

重	宮…男性器を切る（または宮中に生涯幽閉）	動物界からの追放
↑	刖…足を切断する	有足動物の領域からの追放
↑	劓…鼻を削ぐ	「正常」な人間の領域からの追放
軽	黥…顔に入れ墨を施す	中華の共同体から夷狄への追放

以上の分析を表にしておこう。

この分析は「図式的な」ところがあり、歴史学的には《牽強付会なところはないか》や《どのくらいうまく個別ケースをカバーできるか》と検討の余地がありうるだろう。とはいえ本書では、このタイプの分析が可能だ、という事実に注目したい。すなわち、古代中国の宮や刖や劓へ以上の分析がじっさいに適用できるかどうかではなく、《個々の刑罰に追放の意味を付す体系的な図式がありうる》という事実に注目したい。この事実からは次の命題が導き出される。それは、〈抑止〉や〈応報〉のみならず、〈追放〉も刑罰の一般的な意味たりうる、という命題だ。もちろん《あらゆる刑罰が追放の意味をもちうるか》はさらに問われうる事柄だが、それなりに多くのタイプの刑罰が〈追放〉の意味をもちうる事実は否定できない。

6　なぜ刑罰は追放の意味をもつべきなのか

以上で、〈抑止〉や〈応報〉以外に〈追放〉も刑罰の意味たりうる、という点が明らかになった。ここからは一歩踏み込んで哲学的考察を行なう。そもそもなぜ刑罰は〈追放〉の意味をもつべきなのか。

ここで問いたいのは刑罰と追放の関係である。はたして刑罰と追放のあいだに自然な結びつきはあるのか。あるいは《刑罰は追放の意味をもつべきだ》と言える積極的な理由はあるのか。そもそも《刑罰は追放の意味をもつ》というテーゼは何を意味するのか。

これらは〈刑罰〉の概念と〈追放〉のそれの関係をさらに掘り下げる問いだが、あまり取り組まれることのない問題であるのでじっくり考察したい。結論を先取りして言えば、刑罰と追放のあいだには自然な結びつきがある。それゆえ《刑罰は追放の意味をもつ》というテーゼは十分に理由のある刑罰観なのである。

以下、順を追って説明しよう。はじめに「法」や「罪」の意味をあらためて考察したい。それによって刑罰と追放のあいだの概念的なつながりが見えてくるだろう。

はじめに押さえるべきは、かつて「法」は共同体の掟であった、という考え方である。じつに実定法のない古い社会においても、それが社会である限り（すなわち個々人のアナーキーな関係でない限り）、そこには何かしらの決まりがあらざるをえない。例えば《共同体のメンバーを理由なく殺したり傷つけたりしてはならない》や《共同体の他のメンバーの所有物を勝手にわがものとしてはならない》などの最低限のルールなしには、共同体はそれとして成立しえない。古来の共同体は、何かしらの「掟」として、こうしたルールをそのうちに組み込んでいる。

ここでひとつ問おう。はたしてこうした掟を破ったメンバーにはどのような運命がふさわしいか。じつに共同体のメンバーはみな掟を守らねばならない。逆に、共同体の掟を破る者には、そのメンバーたる資格がない。それゆえ掟破りはメンバーの資格が剥奪される。すなわち排除あるいは追放されるのである。

以上の理路は〈刑罰〉と〈追放〉のあいだの概念的なつながりを明らかにする。じっさい、追放というのはたんなる刑罰の一種（すなわち追放刑）にとどまらない。むしろ追放は刑罰一般の意味たりうる。なぜなら、たったいま論じたように、決まりを破る者には〈共同体から排除される〉という運命がふさわしいからである。それゆえ――意外かもしれないが――後で見るように、現代の日本の刑罰も多かれ少なかれ〈追放〉の意味を具えてしまっている。このように刑罰と追放の関係は決してたまたまではない。

話を具体化しよう。『古事記』にはスサノヲが罪を犯す描写があるが、そこを引くと、

〔…〕離㆓天照大御神之營田之阿㆒、埋㆓其溝㆒〔…〕（アマテラスオオミカミノ營田ノ阿《あ》ヲ離《はな》チ、ソノ溝《みぞ》ヲ埋《う》メ）

ここではスサノヲが、アマテラスがつくった田んぼの畔《あぜ》（阿）を壊し、その溝を埋めたと語られる（その結果、よく知られるように、アマテラスは天の岩戸に隠れてしまう）。注目したいのは、水田を破壊する行為が重罪と見なされている、という点だ――これは目下の文脈だとよく分かる事柄である。じっさい、水田稲作の社会では〈畔を壊す〉や〈溝を埋める〉というのは共同体の存続を脅かす最大級の危険行為であって、それは掟によって厳しく禁じられる。そして、この禁を犯す者にたいしては、《この共同体で生きる資格なし》の烙印を押すのがふさわしい。

ではスサノヲはどのように罰されたか。その記述も示唆的だ。すなわち、彼はお祓いを

された後で「神夜良比《かむやらひ》」（遣《や》る、遣《や》らふ）、すなわち追放の刑に処せられる（結果としてスサノヲは高天原を追われる）。このように《水田を壊してはならない》という共同体の掟を破ったスサノヲはそこから排除されるに至った。古代の神話にこうしたストーリーがあるという事実は、〈刑罰〉と〈追放〉のあいだの概念的なつながりの傍証になるかもしれない。

7 現代にも残る追放

以上のように刑罰と追放のあいだには自然なつながりがある。その結果、刑罰は（意図された結果か否かは別として）一般に〈追放〉の意味をもってしまう。本章の議論のしめくくりとしてこの点を確認しよう。

例えば江戸時代の刑罰のうちに〈入れ墨刑〉があった。これは主に窃盗犯にたいして行なわれる刑罰であり、腕に入れ墨を施すものである。押さえるべきは、江戸時代に《入れ墨は異民族の風習だ》という観念があったかどうかは別として、どちらにせよこの刑罰は〈追放〉の意味を有していた、という点だ。具体的には、長崎奉行所の犯科帳を調査した森永種夫の著作に、次のような記述がある。

入墨のいれかたは、各奉行所によってそれぞれ場所と形が変っている。長崎では、手首から三寸ほど上に、横線一寸五分ほどのものが二本引かれる。だから、入墨の入れかたを見れば、どこでの前科かが知れる。どこの職場でも前科者と知れては採用される見込みはない。ことに唐蘭船入港の折の荷物日雇はかなりの収入があるから、希望者が多かったが、前科の入墨があると知れては絶対に採られない。そこでなんとかこの入墨を消そうと苦心する。もぐさでその部分を焼きただらせたり、入墨の上にさらに雲竜の模様・草花の模様などの入墨を重ねて紛らわそうとする。(10)

ここでは入れ墨刑の〈追放〉の機能が説明されている。じつに、一定の形の入れ墨のある者は、それがシグナルとなって職場から排除される。言ってみれば「罪人にはこの職場に入る資格がない」という具合だ。そして、刑罰が具える社会的排除の機能を確実なものとするために、《刑罰として施された入れ墨は消してはならない》という追加の決まりが置かれたりする。じっさい、入れ墨を消したことがバレれば、墨を入れ直したうえで厳しい罰を受けたようだ。(11)

この種の〈追放〉の機能が現代の刑罰にも引き継がれている、あるいは引き継がれてしまっている、という事実は容易に確認できる。例えば現行の国家公務員法によれば「禁錮以上の刑に処せられ、その執行を終わるまで又はその執行を受けることがなくなるまでの者」は国家公務員になる資格を欠く。また、民間の企業にかんしても、前科があるという事実が就職にとって不利に働くという現状がある。ここにも〈刑罰〉と〈追放〉の内的なつながりが現れていると言える。

ここから言えることは、刑罰がもつところの意味のすべてが、現代社会においても「それをもつべきだ」と主張できるとは限らない、という点だ。例えば――前段落でふれた事柄だが――前科のあることが民間企業での就職を難しくするような状況は、刑期を終えたひとの社会復帰への妨げを生むだろう。そしてこの妨げは、無いほうがよい妨げである。かくして、刑罰の有する意味のいくつかについては、そのデメリットを減らすような社会的努力が必要となる。

とはいえ、繰り返し注意するように、本書の第I部の関心は《ベストな社会制度はどのようなものか》ではなく《刑罰はどのような意味をもつか》に置かれている。そして、この関心からすれば、《刑罰は、いい悪いは別として、追放や排除の機能をもつ》という事実こそが重要である。この点へ目を向けることなしに「刑罰とは何か」の理解を十全に深めることはできない。

まとめよう。

第一章で刑罰の目的や役割として〈抑止〉および〈応報〉が挙げられたが、本章では《刑罰の意味はこれらふたつに尽きない》という点が確認された。すなわち〈追放〉も刑罰の一般的な意味たりうるのである。じっさい、法を共同体の掟と見るとき、そうした決まりを守れない者には〈共同体のメンバーからの排除〉という運命がふさわしい。この意味で――繰り返し強調されたように――刑罰と追放とのあいだには自然なつながりがある。その結果、現代の刑罰にも追放の機能が付属してしまっている。

ここまで刑罰の意味として〈抑止〉・〈応報〉・〈追放〉が確認された。だがこれまでの議論の流れからいま一度次を問わざるをえない。これですべてなのか。答えは「否」である。次章で見るように刑罰はさらに別の機能や役割を有しうる。こうした事例をひとつずつ見ていくことで、次の見方が確証されるに至るだろう。それは、刑罰の意味はそもそも多種多様である、という見方だ。これが何度か予告した本書の第I部の主張、すなわち「刑罰の意味の多元主義」であり、次章ではこの見方をきっちり提示するよう努めたい。

第三章　刑罰の意味の多元主義――〈祝祭〉・〈見せもの〉・〈供犠〉・〈訓練〉

1　刑罰が多様な目的を持ちうることの何が重要か

本章は第Ⅰ部のしめくくりである。ここまで「刑罰は何のために？」が複数の角度から考察されてきたが、本章ではこの問いへ総合的な答えが与えられる。すなわち以下で提示されるのは本書が積極的に後押しする考え方であり、それによると《刑罰はそもそも多様な目的や役割をもちうる制度だ》とされる。だがこうした指摘の何が重要なのか。なぜわざわざこのようなことが強調されるのか。本章全体をつかってじっくり説明していきたい。

前章では冨谷至の『古代中国の刑罰』などが参照されたが、本章でもいくつかの歴史的・観念史的な作品を取り上げる。

議論の流れは以下。はじめにフーコーの著書を取り上げて刑罰が〈祝祭〉および〈見せもの〉の意味をもちうることを見る（第2節と第3節）。つぎに阿部謹也の著作を通して刑罰が具えうる宗教的な意味合いを確認する（第4節）。そのあと、フーコーの議論へ戻り、刑罰が〈訓練〉の役割を有しうるという事実を押さえる（第5節と第6節）。最後に、第I部の議論全体から引き出される立場として、刑罰の意味の多元主義を提示する（第7節）。

2 祝祭としての刑罰――ミシェル・フーコーはこう考えた

二〇世紀を代表する思想家は複数存在するが、そのなかにフランスのミシェル・フーコーが含まれることは疑えない。このひとは「権力」の本性を探求したことで有名だが、一九七五年に出版された彼の『監獄の誕生』(1)では、主題として刑罰が論じられ、たいへん興味深い権力論が提示される。《ではそれはどんな権力論か》は後で説明することにして、まずは同書で考察されるひとつの事件を見てみよう。なぜならこの事件の観察は「刑罰は何のために？」の理解をさらに深めるのに役立つからである。

時代は一八世紀、場所はフランス。ロベール＝フランソワ・ダミヤンという男性が国王の殺害を企てるも失敗した（すなわち、待ち伏せしてナイフで襲ったが、かすり傷を負わせるだけで逮捕されたのである）。裁判の結果、有罪となり処罰されることになる。フーコーの報告によると判決文は、まず「手に重さ二斤の熱した蠟製松明《たいまつ》をもち、下着一枚の姿で、パリのノートルダム大寺院の正面大扉のまえに死刑囚護送車によって連れてこられ、公衆に謝罪すべし」と述べたあと、ダミヤンにたいする次の刑罰の執行を命じる。

> 上記の護送車にてグレーヴ広場へはこびこまれたのち、そこへ設置される処刑台のうえで、胸、腕、腿、脹らはぎを灼熱したやっとこで懲らしめ、その右手は、国王殺害を犯したさいの短刀を握らせたまま、硫黄の火で焼かれるべし、ついで、やっとこで懲らしめた箇所へ、溶かした鉛、煮えたぎる油、焼けつく松脂、蠟と硫黄との溶解物を浴びせかけ、さらに、体は四頭の馬に四裂きにさせたうえ、手足と体は焼きつくして、その灰はまき散らすべし。[2]

これは苛酷な刑罰だ。熱した鉄製工具《やっとこ》で焼かれたり、溶解した鉛や硫黄などを浴びせられたり、四肢を馬に引っ張られたうえで引き裂かれたりなど、判決文を読むだけで苦痛への恐怖の感情が生じる。こうなると次の問いが生じないわけにはいかない。なぜダミヤンはかくも厳しい罰を受けねばならないのか。ダミヤンに科せられた厳しい刑罰は何のためのものか。

この問いにはこれまでと同じく〈応報〉や〈抑止〉などの概念で答えることができる。第一に、ダミヤンの企てたことが王殺しという重い罪である以上、それに対する報いとしての刑罰も厳しいものであらざるをえない。言い換えれば、このケースで正義のバランスを回復するためには犯罪者へ最大級の苦しみを返す必要がある、ということだ。第二に、王殺し(の未遂)へ厳しい罰を科せば、今後これと同じタイプの犯罪を企てる者が減る。一般に、必ずや予防したい犯罪のタイプにかんしては、厳罰をもって応じるのがよい。加えて——前章の冨谷至の理論に鑑みると——〈ダミヤンをバラバラにして焼き尽くす〉という行為はこの人物の存在を根底から消滅させる意味合いをもつと言える。言ってみれば「存在の世界からの排除」だ。この点でダミヤンへの刑罰は〈追放〉の機能も有する。このようにダミヤンの刑罰の意味は、これまでに取り上げられた考えを用いて説明することができる。

だが以上ですべてが説明されているだろうか。すなわち「ダミヤンに科せられた刑罰は何のために？」への答えは前段落で述べられたことで十分なのか。答えはここでも「否」である。じつに〈抑止〉・〈応報〉・〈追放〉以外にもダミヤンへの刑罰がもちうる意味がある。それは――結論を先取りすれば――〈祝祭〉および〈見せもの《スペクタクル》〉である。この理解は目下の事例をめぐるフーコーの考察から引き出すことができる。

ポイントをつかむために押さえるべきは、ダミヤンへの刑罰はたいへん手が込んでおり、すごく派手で「けばけばしい」とさえ言える、という点だ。じっさい、そこでは〈たんに犯罪者を苦しめる〉ということにとどまらず、むしろ〈工夫を凝らして劇的な仕方で罪人を苦しめる〉ということが行なわれている。というのも、たんに苦しめるだけであれば、鉛や硫黄などの複数の物質を用意する必要はないからだ。そしてフーコーによると、その派手さには理由がある。曰く、

［…］刑を課す司法の側については、身体刑は華々しいものでなければならない、いくぶんかは司法の側の勝利として万人の目で見てもらわなければならない[3]。

ここでは、刑罰は司法の勝利を称えるものであり、まさにそのためにダミヤンへの身体

刑は「華々しい」ものであるのだ、と指摘されている。――どういうことか。

一般に、司法のプロセスには、不正を行なった者との戦いの側面がある。そこでは、罪を犯した者が逃げおおせることが司法の敗北であり、彼あるいは彼女を捕まえて正義の力のもとに屈服させる（生殺与奪の権を握る）ことが司法の勝利となる。こうした理解において犯罪者を処罰することは、成功を収めた司法過程のフィナーレとして、〈祝祭〉の意味を帯びる。それは司法の勝利を祝う祭りであり、ひいては司法を担う国家権力の偉大さを称える祭式である。刑罰がこうした〈祝祭〉の意味を有するとき、それは派手にならざるをえない。なぜなら地味であれば祭りにならないからだ。かくして例えばダミヤンの刑罰においては、まさに祭式らしく、硫黄の火・煮えたぎる油・四裂きのための馬などが持ち出された。

もちろん――急いで注意点を付け加えると――この世の処罰のすべてが派手な祭りとして行なわれているわけではない（例えば罰金刑は一般的に地味である）。とはいえ、刑罰が〈祝祭〉の意味を濃厚に具えるケースがある、という事実も否定できない。具体的には目下考察中のダミヤンのケースであり、そこでは王殺し（の未遂）という大罪にたいする報いが行なわれるため、処罰は司法の喜ばしい勝利を称える祭式となる。そして〈祝祭〉の色合いが濃い刑罰においては、灼熱の鉄製工具や溶解した鉛などのド派手なギミックが用いられるのである。

3 見せものとしての刑罰

以上で刑罰は〈祝祭〉の機能も具えうるという点が指摘された。だが――この機能と関連するものだが――ダミヤンにたいする処罰はさらなる意味も有している。それは〈見せもの〉である。刑法学者の恒光徹《つねみつとおる》が「近代以前の刑罰は、見世物としての側面をもっていた」と述べるように、(4)旧時代の死刑や身体刑には〈公衆の面前でそれを披露することでひとびとに何かしらの効果を及ぼす〉という働きがあった。

フーコーによれば、刑罰のもつ〈見せもの〉の役目もまたダミヤンの処罰の「けばけばしさ」の説明になってくれる。曰く、

処刑の儀式の目的は、あえて法を侵そうとした臣下と、自己の力を強調する全能の君主とのあいだの力の不均衡を最大限にうかびあがらせることが主であって、釣合を回復

することは従なのだ。軽罪《デリ》によって起きた個人的な損害の賠償は、その損害と正確に釣合が取れていなければならないし、その判決は公平でなければならないが、しかし〔重罪への〕刑罰の執行は、適度を旨とする見世物をではなく、不均衡と過度を主眼にしたそれを行なうためのものである。(5)

ここでは、とりわけ重罪（例えば王殺し）にたいする刑罰では、君主の力の強大さを知らしめるためにその苛酷さが敢えて「過度」になる、と指摘されている。言い換えれば、君主にたいする一般臣民の「太刀打ちできなさ」を際立たせるため、されるがままに苦しめられる罪人の姿が公の場で披露される、ということだ。この点に鑑みれば、ダミヤンの刑罰で用いられた派手なアイテムは君主の強大な権力を表現する小道具だと解されうる。「王には逆らうことができない」ということをひとびとに知らしめるために、国家権力の意のままに苦しめられる罪人が見せしめられるのである。

ちなみに刑罰のもつ〈見せもの〉の機能はたんに君主の力の誇示を行なうだけではない。それはときに民衆にとって娯楽の効果も及ぼす。例えば仏文学者の安達正勝は公開処刑にたいする一八世紀のフランス民衆のリアクションを次のように報告している。

人々にとっては、処刑を見物することは、スポーツ観戦や観劇と同じように、一種の気晴らしでしかなかった。半分お祭り気分で処刑台の周囲に詰めかけてきた人々の中を、事件について書かれたパンフレットを売る人、食べ物や飲み物を売る人が声を張り上げて動き回っていたのであり、人々は友人知人とわいわい騒ぎながら、今か今かと処刑がはじまるのを待ち受けていたのであった。(6)

ここでは公開の処刑がひとびとにとって一種のエンターテインメントになっていたと指摘されている。なぜ刑罰が娯楽たりうるかと言えば、ひとつには、ひとが残虐な仕方で苦しめられるシーンを見ることが非日常的な感情の昂ぶりを引き起こすからであろう。あるいは、司法の勝利の祝祭に参加するのが楽しいから、とも言える。加えて――これは一歩踏み込んだ解釈だが――不正のかどで罰される犯罪者を眺めるとき、ひとは自分が正義の側に立っているような感覚を抱く。そして《自分は正しい側にいる》という感覚はたいへん心地よいがゆえに、刑罰は娯楽としての〈見せもの〉の機能を有しうるのである。

以上のように刑罰は、〈抑止〉・〈応報〉・〈追放〉のみならず、〈祝祭〉および〈見せもの〉の意味も有しうる。話がここまで進むと第一部の指摘、すなわち《刑罰は多様な意味をもつ》というテーゼの主旨も見えてくる。このテーゼは「刑罰は何のために？」の理解へ「ひねり」を加えるものと解されるのがよい。その「ひねり」がどのようなものかと言えば、それは、「刑罰は何のために？」を哲学的に理解しようとするさいにはそれに単一の答えを求めないほうがよい、という「発想のひねり」である。それは言い換えれば、ひとつのアイデアで刑罰の意味を汲み尽くそうとしてはならない、という「戒め」でもある。

注意すべきは（前章の冒頭で予告的に述べたことだが）、この「ひねり」や「戒め」は歴史的な考察から得られた、という点だ。一般に、歴史の相の下で事象を観察するとき、現在の視点だけからはなかなか見えてこない事実が把握されうる。じっさい、刑罰を社会史の観点から眺めるならば、〈抑止〉や〈応報〉などの現代の代表的な意味づけ以外にも〈追放〉・〈祝祭〉・〈見せもの〉などのさらなる目標や役割が存在することに気づく。そしてこの事実をテーゼにしたものが《刑罰は多様な意味をもつ》という多元主義の命題なのである。

ちなみに――若干の補足だが――〈応報〉や〈抑止〉などの刑罰の意味は必ずしも互いに独立ではない。例えば《不正を犯したひとは必ず相応の報いを受ける》という応報的な環境を法によって作ることは犯罪抑止に役立つ。この意味で〈抑止〉という目標は〈応報〉を利用して自らをよりよく達成しうると言える。また、刑罰による正義の回復を見るのは楽しい、という事実は〈見せもの〉と〈応報〉のあいだのつながりを示す。このように一般的に言えば、ひとつの意味が他の意味を利用して自己をよりよく実現することもある。こうした〈刑罰の意味のダイナミックな関わり合い〉もまた歴史的な考察を通じて明らかにされうるものである。

4 供犠——刑罰の宗教的意味

歴史的考察が明らかにしてくれる刑罰の意味は以上のものに尽きない。こうした意味のリストはえんえんと書き続けていくことができるだろうが、その作業はどこかで退屈に転じるから、以下では比較的分かりやすいふたつ——〈供犠〉と〈訓練〉——に絞って取り上げる。こうした追加の意味を紹介することで《刑罰は多様な意味をもつ》というテーゼはさらに肉づけされる。

さて刑罰は宗教的な機能をもつことがある——どんな機能かと言えば、それは〈供犠〉

だ。こうした点を指摘する著作のひとつとして西洋中世史家・阿部謹也の『刑吏の社会史』[7]が挙げられる。ここで「供犠」というのは、神や霊に供え物をささげる宗教的儀式のことだが、阿部によれば古代や中世のゲルマン人の刑罰はこの儀式の役割を多分に具えていた。だが刑罰が〈供犠〉の意味をもつとは正確にはどのようなことだろうか。

具体的な話から始めよう。阿部によると、古ゲルマンの社会においては男性が盗みを犯したとき、一般にその処分として、その男性の首に綱をかけそれを木に吊るして殺すことが行なわれた[8]。具体的には、犯人の髪の毛を剃り、オークの木の若枝をより合わせてつくった綱を首に巻き付け、絞首台に吊るすのである。これは現代的な観点からはたんなる「絞首刑」と解釈されうるが、じつを言えばそれにとどまらない。そこには、いまから説明するように、宗教的な意味合いがある。

押さえるべきは、盗みなどの犯罪は世界の神聖な秩序を傷つける行為と見なされうる、という点だ。じっさい、もしこの世が神や霊などが統《す》べる聖なる領域と見なされるとき、この世界の秩序を乱す行為（すなわち犯罪）は侵すべからざる聖性への冒瀆と見なされうる。そして、当時のゲルマン社会では「人間の許しがたい犯罪に対しては自然も反応すると考えられていた[9]」のであり、自然の聖なる秩序が傷つけられた場合、そのリアクションとして自然を支配する神や霊が荒ぶる。そしてこの荒ぶりを鎮めるには、すみやかに犯人を供え物としてささげ、毀損《きそん》された秩序を回復せねばならない。こうした点を阿部は次のように述べる。

絞首は処罰や報復のために行なわれるのではなく、盗みという共同体とその世界にとって傷となる行為によってけがされた神性への償いとして神に捧げられる供物として行なわれたものであった。だから神聖な木、オークが選ばれたのである。(10)

ここでは、盗みへの絞首は〈傷つけられた神聖性を償うための供犠〉だ、と指摘されている。盗人を吊るす綱にオークの枝が用いられるのも、宗教的な理由のためである(引用にあるようにオークは神聖な木とされていた)。また、先に《犯人は罰されるさいに髪の毛を剃られる》と述べられたが、ここにも宗教的な意味合いがある。すなわち、髪の毛は「生命力のしるし」と見なされていたのであり、髪の毛を剃ることには〈供物を清めるためにその力を抜き取る〉という意味があったようだ。(11)

このように古ゲルマンの刑罰は神聖な秩序の回復を第一の目標としていた。この点は例えば《当時のヨーロッパでは刑罰が人間以外の動物にも科せられた》という事実のうちにも示される。[12] すなわち、人間以外の動物が自然の聖なる秩序を傷つけた場合にも、神や霊を鎮める必要があるため、供犠としての処罰が行なわれていたのだ。具体的には例えば、ひとりの少年がブタに食い殺されたとき、そのブタを裁判にかけて有罪を宣告し、最終的にそれを木に逆さに吊るして死刑にした、ということがあった。[13] こうした事例は、刑罰を何かしらの宗教的な儀式と見なしたときに最も理解しやすくなる。すなわち、〈抑止〉などの現代的な目標で意味づけるよりも《傷つけられた秩序を回復させるために、罪を犯したブタを神や霊へ供え物にした》と解した方がピンとくる事例である、ということだ。

ちなみに――重要な注意点だが――以上の議論へは批判も可能である。すなわち、現代では司法と宗教は互いに切り離されているが、こうした「司法／宗教」を分ける現代的観点に立って「古ゲルマンにおける盗人の絞首を刑罰の一種と見なして論じることは間違いだ」と批判することができる。すなわち「それは刑罰ではなくて宗教的儀式である」ということだ。阿部謹也も、ときどきこの言葉づかいを採用して、古ゲルマンの時代を「現代のような意味での刑罰が存在しなかった時代」と呼んだりする。[14] 本書はこの言葉づかいを否定するわけではないが、それでも別の観点からの語り方も大事だと言いたい。じつに、

「刑罰」の意味を広くとりさえすれば、「古ゲルマンの刑罰は供犠という宗教的意味をもっていた」という言い回しも可能になる。そしてこの言い回しは私たちの刑罰理解を広げるだけでなく人間理解も深めてくれる。なぜなら、こうした表現を採用することで、《私たちがいかに多様な仕方で刑罰という制度を運用できるか》という人間のポテンシャルの把握が得られるからである。

5 訓練――犯罪者を更生させる権力

最後に、フーコーの『監獄の誕生』に戻って、《刑罰は訓練や規律の意味も有しうる》という点を確認しよう。同時に先送りしていた問い――すなわちフーコーの権力論はどんなものかという問い――にも答えられるだろう。

はじめに、フーコー自身が強調する歴史的事実だが、《一八世紀の終わりごろからフランスでは派手な身体刑が行なわれなくなった》という点を押さえたい。曰く、「十九世紀初頭には［…］身体刑の大がかりな見世物は姿を消している」[15]。そしてその代わりとして自由刑、すなわち監獄での懲役刑が広く行なわれるようになった。すると問いがひとつ生じる。なぜ身体刑が消滅し、監獄での懲役刑が普及するようになったのか。一八世紀から一九世紀にかけて、かつて華々しく行なわれていた身体刑が自由刑に置き換わっていくのであるが、なぜこんなことが起こったのか。

答えのひとつは「それは社会が近代化することの一側面だ」となるだろう。社会の近代化に応じて、権力の専制的な使用は封じられ、個人の権利に配慮した制度が広がっていく。こうした権力の専横の弱まりの結果のひとつが身体刑の消滅（そして残虐の少ない自由刑への移行）なのであって、問題の出来事は〈世界がより人道的になっていく過程〉の一部である。——これはこれでよく分かる見方だ。

とはいえフーコーの考えはそれとは異なる。彼によれば、身体刑の消滅は決して〈権力の専横の弱まり〉の結果ではない。それはむしろ〈権力の様態の変化〉なのである。すなわち身体刑から自由刑への移行という出来事は、《国家の独裁権力が失われ人権への配慮が広がる》といった「脱権力的な」過程の一部ではなく、むしろ《権力がそのときどきで現れ方を変えていく》という「権力のモードチェンジ」の一環である。なぜなら監獄への閉じ込めは、たしかに身体刑よりも残虐さが少ないかもしれないが、それでも権力作用のひとつのあり方だからである。

ここにフーコーの権力論の特徴が現れている。じつに彼の見方によれば、権力は、その所有者が意図的に行使するものだというよりも、むしろ社会の構造の一部としてつねに（たいていは気づかれない仕方で）働いているものである。それゆえ、彼の枠組みにおいては、近代社会で残虐な制度や慣習が減っていったという変化は決して「権力機構そのものの弱体化」とは解されない。むしろ《その社会変化において権力はどのように形を変えたのか》こそが問われるべき事柄である。

こうした権力論のさらなるポイントは後で取り上げることにして、いまは先を急ごう。フーコーによると――前々段落で述べたように――身体刑と同じく、自由刑（監獄での懲役刑）も権力作用のひとつのあり方である。ではその機能は何か。はたして権力のどのような効果のためにこのタイプの刑罰は行なわれるのか。

フーコーの答えは〈訓練〉である。一八世紀の末ごろになると、犯罪者を見せしめにすることよりも、犯罪者を「更生」させることに権力のベクトルは向くようになった（というのは、世界の情勢が変わり、罪人を積極的に再教育するほうが全体の「利益」につながるようになったからだろう）。歴史的には――これもフーコーの指摘するところだが――オランダ、イギリス、アメリカで行なわれ始めた監獄での懲役刑は〈訓練〉や〈教化〉を目的としており[16]、例えば「個人が強制される毎日の労働をとおしてその身体および習慣のつくり替え」を目指すとされる[17]。すなわち、規律のある生活を過ごさせることで罪人を、法を犯さない「まっとうな」ひとへ変える、ということだ。今日の刑法学では、すでに罪を犯してしまったひとの再犯を予防するために教育することが「特別予防」と言われたりするが(この点には本書の第一章第5節でふれた)、フーコーがここで自由刑の役割と見なすのはこのタイプの予防だと解されうる。

いったんまとめよう。一八世紀の末ごろからフランスで広がり始めた自由刑(監獄での懲役刑)は、犯罪者に「正しい」労働習慣を身につけさせることで、そのひとを「ちゃんとした」ひとへ鍛え上げるという機能をもつ。この意味で刑罰は〈訓練〉の役割も具えうると言える。ただし――ここからが議論の本番だが――訓練や規律をめぐるフーコーの議論は以上ですべてではない。彼は刑罰の〈訓練〉の働きをさらに深い次元で理解させてくれるような事例を提示する。それが「一望監視施設《パノプティコン》」の事例である。

6 パノプティコン――隠微な権力のモード

パノプティコンとは——フーコーの紹介するところだが——イギリスの功利主義者ジェレミー・ベンサムの考案した監獄施設であり、その特徴は建物の形態と配置にある。すなわち、土地の中心に塔（これが監視塔となる）を置き、この塔の周りにそれをグルリと囲むドーナッツ型の獄舎がたてられる。獄舎は多数の独房で区分けされており、それぞれの独房はその内部が塔の中の監視員から見えるよう設計されている。そして重要なデザイン上の工夫として、それぞれの囚人は《塔に監視員がいる》と知っているが、囚人のほうからは《いつ見られているか》や《どのように見られているか》が確認できないようになっている。こうした〈一方的な監視〉という構造は効率上の利点を具える。なぜなら少数の監視員で多数の囚人を見張れるからだ。とはいえそれだけではない。〈一方的な監視〉は、いまから説明するように、〈訓練〉や〈教化〉にかんして注目すべき効果を生む。

ではそれはどんな効果か。それは囚人に《自分は監視されている》という永続的な自覚を与えることだ。説明すれば以下。

パノプティコンに収容されたひとはつねに《自分は見られているかも》と気にせざるをえない——そのため彼あるいは彼女は悪事（例えば脱獄の企て）を行なうことができない。この状態が継続するとそのひとの精神は新たな傾向を得る。すなわち、《見られているかも》という意識が心の奥底に刻み込まれ、例えば出獄した後も、監視の可能性への配慮から悪事を行なわなくなるのだ。パノプティコンが〈一方的な監視〉という構造をもつ理由はここにある。すなわち、《見られている》と思うのだがこちらからは見ることができない、という状態が継続することで囚人は〈監視を気にするがゆえに悪事を避ける主体〉へ作り変えられるのである。

押さえるべきは、刑罰の訓練は〈認知や認識への侵襲〉も含む、という点だ。これはフーコー自身が強調する点でもあり、彼は目下のタイプの刑罰を「心・思考・意志・素質などにたいして深く作用すべき懲罰」と記述したりする。[18] 具体的には――たったいま見た極端なケースだが――パノプティコンは囚人に《見られているかも》という認知を与え、これでもってそのひとを「ちゃんとした」行動をとる主体に変える。このように刑罰の訓練は、肉体を労働に適したものに作り変えるトレーニングにとどまらず、犯罪者の認知的な変化も目指すのである。

以上の指摘の何が重要なのかをつかむには、刑罰と認知や認識とのあいだの内的な関係を確認するのが役立つ。刑罰の目的のひとつに《犯罪者に懲《こ》りてもらう》ということがあることは誰も否定しないだろうが、この「懲りる」とは認識論的な用語である。というのも〈懲りる〉には〈法を犯すことが悪だと知る〉という認知が含まれるからだ。この意味で刑罰が有する訓練機能には〈知らしめる〉という作用も含まれる。すなわち刑罰は、それを科された者へ新たな認識を与え、彼あるいは彼女を〈犯罪から主体的に遠ざかるひと〉に変える、ということだ。

パノプティコンで植えつけられる《見られているかも》という意識も、広い意味で、こうした認知的変化の一種だと言える。なぜなら、監視の可能性を認めるひとにとって、〈法を犯す行為〉はつねに自己へ不利益をもたらしうるものと解されるからだ。このようにパノプティコンは、犯罪を不利益と「知らしめる」効果をもつ。その結果、出獄したひとは自主的に違法行為を避けるようになる。このような「遵法的な」主体を作り上げるための認知的な訓練――これもまた刑罰の機能のひとつである。

最後にいまいちどフーコーの権力論のポイントを確認しよう。ベンサムの一望監獄施設で過ごした者は、たったいま説明されたとおり、〈自らの選択で犯罪から遠ざかるひと〉へ変容する。この事態にはフーコーが注目する権力の特徴が現れているのだが、それは《権力は必ずしもひとびとを命令や暴力で動かそうとしない》という点だ。じっさい、権力の巧みな様態においては、介入はひとびとの内面のレベルで生じる。すなわち特定の行動を「正しい」や「利益がある」と認識させられ、その結果、ひとびとは自主的に権力構造に都合のよい行動（法に従うなど）を選ぶことになる。押さえるべきは、ひとびとを外から強制的にコントロールしようとしない「隠微な」権力のモードもある、という点だ。フーコーはこうした権力の作用を「人間像よりもはるかに深部で営まれる服従〔＝臣民〕化」と表現し、[19]彼の著作においてそれを徹底的に分析するのである。[20]

7　刑罰の意味が多様であること

ここまで「刑罰は何のために？」をいろいろな角度から論じてきた。刑罰の意味や機能として取り上げられたものを再掲すると〈抑止〉・〈応報〉・〈追放〉・〈祝祭〉・〈見せもの〉・〈供犠〉・〈訓練〉である。いまやつかむべきは、私たちは刑罰へさまざまな意味や機能を認めたうえでそれを運用できる、という事実であろう。私たちは現にひとつの制度を状況に応じて複数の仕方で用いている。そして――第Ⅰ部の議論全体を通して言えることだが――刑罰の異なる運用場面を観察すればそのつど新たな運用法が見出される。おそらく「刑罰は何のために？」という問いへあらかじめ可能な答えをすべてリストアップすることはできないだろう。かくして刑罰の意味をめぐる問いへは次のように答えるべきだと思われる。すなわち、刑罰は多様な機能や目的を有しうる、と。これが第Ⅰ部の中心主張、刑罰の意味の多元主義である。

この見方のどこが重要なのか。この点はきちんと説明しておく必要がある。

じつに刑罰の意味の多元主義は、刑罰という現象を理解するための視座として重要だと言える。第一に、そもそも刑罰の意味の多元性は事実として否定できない。例えば為政者が刑罰について考えるさいにはそこに〈抑止〉の意味を見出さざるをえないが（ふつうの為政者であれば必ずそうである）、公開処刑を観覧しにやってきた無責任な大衆にとって刑罰は娯楽の〈見せもの〉以外の何ものでもないだろう。それゆえ第二に――ここが核心的な点だが――《刑罰の意味は多元的だ》という視座をとらなければ、刑罰をめぐって生じうる多様な現象を理解することができなくなる。例えばここまで秦の黥や髡、ダミヤンのド派手な処刑、古ゲルマンにおけるオークの枝による絞首、パノプティコンなどいろいろな現象を観察してきたが、その各々において何が起こっているのかをつかむためには〈刑罰の意味の多元主義〉の場に立つ必要がある。逆から言えば、「刑罰は何のために？」にひとつあるいは二、三の答えしか認めない立場をとれば、多くの現象が理解できなくなるのである。

以上の指摘は別の角度からも敷衍できる。強調すべきは、刑罰の意味の多元主義はさらなる探求にとっての足がかりになる、という点だ。例えば日本では貴族や武士へしばしば「流刑《るけい》」という追放刑が行なわれていたが、はたしてこのタイプの刑罰の意味は何か。

この問いへは《流刑の機能はまさに追放だ》と単純に答えることもできる。だが話はそれで終わらない。考察すべきこととして《なぜ、入れ墨刑でシンボリックに追放するだけでなく、離島などへ送ることで物理的に遠ざける必要があるのか》という問いが残る。これにたいする答えは——これはいまのところ「生煮えの」仮説だが——ひょっとすると、遠隔地に送ることで罪人の政治的な力を失わせるため、などと言えるかもしれない。じっさい有力者については、顔に入れ墨を施したとしても、その既得権力のおかげで真に排除はされないだろう。こうしたひとを罰するひとつのやり方が遠隔地に送って力を振るえなくするというものだ。そしてこうした〈無力化〉こそが流刑の機能のひとつかもしれない。(21)

《流刑の意味のこの分析は正しいのか》はここでは問題ではない。押さえるべきはむしろ、刑罰の意味の多元主義は実り豊かな考察にとっての踏み切り板《スプリングボード》になる、という点だ。じっさい、《刑罰の意味は多様だ》という探求地平に立つならば、私たちは新たに出会う刑罰現象に対して〈あらかじめ知られた図式だけを使って理解しようとする〉という態度をとらないだろう。そしてこうした態度をとらないほうが事柄にかんする私たちの理解は豊かになる。この点で、刑罰の意味の多元主義は「役に立つ」とさえ言える。

以上を踏まえれば第Ⅰ部で最も重要な点を端的に述べることができる。ここまで《刑罰の意味は多様だ》というテーゼを提示するために複数の議論を重ねてきたが、けっきょくこのテーゼは何であったのか。答えて言えば、それはつまるところひとつの視座、ひとつの姿勢である。

思うに、第Ⅰ部の議論をここまで追ってきた読者は、刑罰にかんして以前よりも広い展望を有するに至ったはずだ。そしてその結果、刑罰という現象について自分でもいろいろ考えていける土台を得たにちがいない。じっさい、例えば流刑の事例について考える場合、「流刑は何のために?」を問い深めていく心の構えができあがっているだろう。刑罰の意味の多元主義とは、テーゼの形で表現すれば《刑罰の意味は多様だ》という命題のことだが、より根元的には物の見方のことである。個別の刑罰にかんしてその固有の意味を追求せんとする姿勢、これこそが視座としての〈刑罰の意味の多元主義〉なのである。

以上が第Ⅰ部の刑罰論であった。要点を振り返ろう。

第一章で（刑罰の正当性をめぐる問いとは区別された形で）刑罰の意味をめぐる問いが提起された。そしてそこではいわば現代的な意味づけとして〈抑止〉および〈応報〉が取り上げられた。第二章以降ではいろいろな歴史的事例をピックアップしながら、秦の黥や髡のケースからは〈追放〉の意味を、ダミヤンのド派手な処刑のケースからは〈祝祭〉と〈見せもの〉の意味を、古代ゲルマン社会におけるオーク枝による絞首刑のケースからは〈供犠〉の意味を、フーコーが論じたパノプティコンのケースからは〈訓練〉の意味を取り出した。こうしたリストは今後も更新可能であろう。そして、刑罰の意味をさらに追求していこうとする姿勢、これが本章の推すところの〈刑罰の意味の多元主義〉である。

第一章の最後に〈応報〉にかんしては無視できない問題があると指摘された。いまやその点を考察するときである。次章以降、本書の議論は罰の〈応報〉の側面に焦点を合わせる。あるいは、応報そのものが考察の対象となると言ってよい。第Ⅱ部では〈応報〉の概念がかかわる問題をじっくり確認する。そして第Ⅲ部でこの問題への解決を与えたい。

コラム 意味をめぐる問い、正当性をめぐる問い

第I部では刑罰の意味をめぐる問いが論じられた。他方で、第一章第3節の末尾で、これとは別に「刑罰の正当性をめぐる問い」なるものが存在すると指摘された。このコラムではふたつの問いの違いを踏み込んで説明したい。いささか専門的な話になるが——本論でも述べたように——学問的にはかなり重要なトピックである。

刑罰の正当性をめぐる問いは「犯罪者を罰することはいかなる意味で正しいのか」や「そもそも刑罰という制度は正しいのか」などを問題にする。こうした問いが提起される理由は刑罰の意味をめぐる問いの場合と同型であり、それも《刑罰が苦痛を含む》という点に起因する。すなわち、〈ひとに苦痛を与えること〉が一般によくないことである以上、《苦痛を必然的に伴う刑罰という実践は正しくないのではないか》という疑いが生じるのだ。はたして、必ず苦痛の要素をもつ刑罰について、「それでもこれは正しい制度だ」と言えるような理由はあるのか。

この問題は刑法学において長らく取り組まれてきたものであり、例えば、本論で何度か言及した刑法学者の山口厚は次のように言う。

刑罰という制度は、国が国民に対して意図して苦痛を与えるものですから、なぜ、そのよう

なことが正当化されるのか、刑罰の正当化根拠は一体何かということが問題にならざるをえません。実際、国が科する刑罰はどのような理由から正当化されるかについては、極めて長い議論の歴史があります(1)。

ここでは、刑罰が苦痛を含むことからその正当化根拠が問題になること、そしてこの問題が刑法学において長いあいだ論じられてきたことが指摘されている。じっさい次のように言える。すなわち、刑罰の正当性をめぐる問いについては、刑法学のうちに最も多くの探求の蓄積があり、この問題に取り組むひとは刑法学の成果を無視することができない、と。もちろん刑法学者でなくても、この蓄積をしっかり踏まえれば、刑法の正当性について論じる資格を有しうるだろう。だがいずれにせよ《刑罰の正当性をめぐる問題を論じるには刑法学の蓄積された知見をきっちり押さえる必要がある》というのは否定できない。

さて本書の第I部の議論を追うさいに必ずやつかんでおくべきことは《そこで取り組まれているのは刑罰の正当性をめぐる問いではない》という点だ。本論で何度か指摘したことだが、そこではむしろ刑罰の意味をめぐる問いが扱われているのであり、これらふたつの問いは互いに独立したものだ。では両者はどんな具合に区別されるのか。

ふたつの問いの独立性については本論（第一章第6節）でも触れられた。以下ではそこで述べられたことをより具体的に敷衍する。

例えば第三章で《刑罰は訓練の機能を有しうる》と指摘された。ここで見逃してはならないのは、この指摘を認めたうえで「刑罰が訓練の意味をもつことは刑罰を正当化する根拠たりうるのか」と問うとき、答えはさしあたり「イエス」と「ノー」のどちらもありうる、という点だ。言い換えれば、《刑罰には訓練の役割がある》と認めるだけでは刑罰の正しさを主張する根拠にはならず、刑罰の正当性を述べるためには追加の考察が要る、ということ。じっさい、一方で〈犯罪者を「ちゃんとした」行動を選べるように訓練すること〉はいろいろな点で役立つので、ここから「よって刑罰は正しい制度だ」と述べたくなる理路はよく分かる。他方で、ここでの「ちゃんとした」というのはたんに〈国家権力の維持に役立つ〉という意味に過ぎないのではないか、などを批判的に検討すれば「ここからは刑罰の正しさは帰結しない」と言いたくなる。いずれにせよポイントは次だ。すなわち、《刑罰は訓練の意味をもつ》と記述することと《刑罰は訓練の意味をもつがゆえに正しい》と評価することとは互いに異なる、と。——同じ点が〈応報〉や〈抑止〉などについても言える。

このようにふたつのタイプの問いは互いに独立である。そしてこの独立性から重要なことが引き出せる。

例えば——第Ⅱ部以降の探求にかかわるが——さらなる探求の結果、〈応報〉の概念のうちに矛盾が見出され、応報というアイデアは無意味だと結論されたとしよう。この場合、《刑罰は応報の機能をもつ》とは言えなくなる（なぜなら応報の概念がそもそも適用不可能になるので）。

だが、たとえこのように刑罰が有するとされていたひとつの役割が否定されるとしても、それでも「刑罰は正しい」と述べうる余地がある。なぜなら、〈応報〉がダメでも、〈抑止〉や〈訓練〉が刑罰の正しさの根拠になってくれるかもしれないからだ。ポイントはここでも《ふたつのタイプの問いは互いに独立だ》という事実である。この独立性ゆえに、刑罰がもつとされる意味がいくつか否定されたとしても、それでも刑罰が正当である可能性は残るのである。

最後に本書全体の立場にかかわる話をしておきたい。本書の究極的な主張のひとつは、罰一般にかんしては正当性をめぐる問いは生じえない、というものだ。とはいえ――この点は明示的に述べておきたいが――私は、刑罰（すなわち制度的罰）については正当性をめぐる問いが意味をもつ、とも考えている。どういうことか。

押さえるべきは、刑罰という制度については「正しい仕組みを選ぼう」などの意図が十分に意味をもつ、という点だ。じっさい、制度が私たちのつくるものである以上、刑罰制度についても「どのように設計すべきか」や「どんな仕組みがベストか」などが問われざるをえない。それゆえ《罰一般にかんする正当性の問題は生じない》という本書の主張は、決してそのままの形で刑罰の正当性をめぐる問いへ波及するわけではない。要点を繰り返せば、本書は決して刑罰の正当性をめぐる問いが無意味だと主張するものではない、ということ。「制度的な罰」と「制度以前の罰」はそれぞれ異なった仕方で取り扱われる必要があるのである。

II

第四章　応報のロジック

1　応報の何が問題なのか

第Ⅱ部は問題提起を行なう。第Ⅰ部では刑罰をテーマとしたが、第Ⅱ部の議論はそれとつながっている。すなわち第Ⅱ部は「罰」と「責任」にかかわる哲学的な問題を複数の角度から説明する——この問題は本書の第Ⅲ部で解答される。要するに、第Ⅲ部で取り組む問題を第Ⅱ部は定式化する、ということだ。本章（第四章）はその一歩目として導入的な議論を行なう。

第Ⅰ部の内容をおさらいしておこう。

第Ⅰ部では刑罰の意味の多元主義が提示された。じつに刑罰は〈抑止〉や〈追放〉や

〈祝祭〉などの多様な目的や機能を有しうる。とくに刑罰は〈応報〉の役割も具えうるのだが、これは《一方的に他者を害した者が何の報いも受けずにのうのうと暮らしているのはバランスが悪い》という正義の観念にもとづく。このアイデアに従うと、刑罰は〈他者を害した者へ何かしらの苦痛を与えて正義のバランスを回復する〉という機能をもつと言える。

だが――何度か予告したように――〈応報〉の概念は無視できない問題をはらむ。《それがどのような問題か》は第Ⅱ部全体を通じて説明される。それは、あらかじめ述べれば、〈責任〉をキーコンセプトとする問題である。そしてそれは〈選択〉や〈自由〉の概念にもかかわる。この問題へ解決を与えることが本書全体の最終目標となる。

本章は第Ⅱ部のイントロであり、その目標のひとつは〈応報〉と互いに繫がるいくつかの概念を確認することだ。別の目標は《応報をめぐる問題がどのようなロジックから生じるか》を形式的に捉えることである。本章でその問題の骨格を押さえ、次章と次々章でそれを具体的に肉づけしていく。それゆえ――本章のゴールをあらためて述べれば――応報をめぐる問題の一般的な骨格がつかめれば目標達成と考えてよい。

本章の議論は以下の順序で進む。はじめに〈応報〉の概念と〈行為〉および〈責任〉の概念とのつながりを指摘する（第2節と第3節）。次にこれらの概念がさらに〈選択〉および〈自由〉と結びついていることを押さえる（第4節）。最後に、〈選択〉と〈自由〉をめぐって生じる問いを見ることで、〈応報〉が含む問題の端緒をつかむ（第5節から第7節）。

2 犯人とは何か

本章で行なわれるのは〈応報〉をめぐる問題の導入的説明である。以下、小説から材を得ながら、ステップ・バイ・ステップで議論を進める。取り上げるのはドイツの推理小説作家、フェルディナント・フォン・シーラッハである。

シーラッハ――このひとは刑事事件の弁護士でもある小説家であって、そのデビュー作『犯罪』は大きな反響を呼んだ（ドイツ本国で賞をとるとともに例えば日本では二〇一二年の本屋大賞「翻訳小説部門」を獲得している）。その作風は、謎解きに重きをおくのではなく、事件に見出される人間のさまざまなあり方へ目をむけるものだ。書きぶりは淡々としており、感情を抑えた描写が印象的だが、どの作品も一種の「ヒューマン・ドラマ」の感がある。

さてシーラッハの短篇集『罪悪』[1]には「司法当局」と題された作品が収められている。これは移民問題を扱うと同時に冤罪の問題もテーマとする。はじめにそのあらすじを見てみたい。

ある日、小説の語り手である弁護士のところに、トゥランという受刑者が連れてこられる。なぜ刑に服しているかと言えば《飼い犬をある男性にけしかけたうえで、その男性を蹴ったり殴ったりした》とされたからだ。とはいえトゥランは「私は悪いことをしていない」と言う。弁護士が調書を確認すると、以下のことが分かった。

蹴ったり殴ったりされた被害者は口から血を流しながら帰宅したが、その妻が犯人の男を知っていると言った。彼女の働く日焼けサロンにその男が常連客として来るらしい。妻は男の名が「タルン」だと述べた。そして店の顧客名簿を調べ、その男の住所が「コルベ=リング52番地」であることを見出した。男とその妻はこの件を警察に通報した。

後日、警察官がコルベ=リング52番地を訪ねたが、タルンは見つからなかった。とはいえハルカン・トゥランの住まいが見つかった。警察官は、移民にかんするいろいろな偏見にもとづき、このトゥランが「タルン」だと考え（綴りが似ている！）、彼の住まいの郵便受けに召喚状を入れた。だが、後に判明するように、トゥランは犯人ではない。

ここからどうなるか。

トゥランは召喚状を無視した。そのため——以下はドイツの司法の機械的なプロセスだが——警察官は検察局へ書類送検し、検察官は逮捕令状を申請した。その結果、トゥランへ略式命令が下った。

この段階でトゥランにはまだ刑務所行きを免れるチャンスがあった(司法当局に人違いだと言うだけでよかった)。とはいえトゥランは何もしなかった。二週間後、略式命令が効力を得て、トゥランに罰金刑が科せられた。だがトゥランはこの罰金を支払わなかった。その結果、罰金刑が禁錮刑に切り替わった。拘置所はトゥランへ《一四日以内に出頭せよ》と書類を送った。とはいえトゥランはこの書類を捨ててしまった。そして彼は警官に連行されて刑務所暮らしをするようになった。

話にどのようなオチがつくかはじっさいに小説を読んで確かめられたい。見どころのひとつは移民問題へ切り込む点だろう。移民の多くはドイツの司法プロセスにかんする知識を欠いており、刑事事件に巻き込まれたさいに自分を守る適切な行動をとることができない。その結果、ドイツの司法プロセスはいわば「あれよあれよ」と移民の容疑者を刑務所送りにしてしまう。これは移民の怠惰というよりも、システム上の問題だと言える。

本書の文脈で注目したいのは、トゥランへの刑罰は少なくとも〈応報〉の観点からは無意味だ、という点である。なぜなら、端的に言って、トゥランは犯人でないのだから。悪事をじっさいに行なった者へ苦痛を返すことは正義のバランスの回復に寄与するが、何も悪いことをしていない者へ苦痛を与えるとすればそれはまったく正義でない（むしろ新たな不正義を生み出す過ちでさえある）。かくしてトゥランへの刑罰は、〈応報〉の観点から言えば、まったく意味をもたないと判定される。

以上は単純な話だが、〈応報〉にかんする重要な点を明らかにする。押さえるべきは、〈応報〉の概念は「犯人である者／犯人でない者」の区別とつながっている、という点だ。形式的に言えば、犯人へ苦痛を返すことは〈応報〉として有意味だが、犯人でない者へ苦痛を与えることは〈応報〉としては無意味だ、となる。――かくして、〈応報〉の概念の理解をさらに深めるには、《犯人とは何か》を考察するのがよい。以下では「犯人とは何か」を踏み込んで見ていきたい。

3 行為・責任・主体

犯人とは何だろうか。この問いへの答えは〈行為〉や〈責任〉の概念によって与えられる。すなわち、犯罪をじっさいに行なった者であり、犯罪行為およびその結果に責任を負う者が「犯人」と呼ばれる。とはいえここでの「じっさいに行なった」や「責任を負う」とはどのような意味だろうか。行為とは何か、そして責任とは何か。

この問いへ答えるのは思いのほか難しい。なぜなら——今後の議論からも見てとれるように——〈行為〉や〈責任〉の概念は私たちにとって根本的なものであって、他の概念を組み合わせて分析的に説明できるものではないからだ。とはいえ、〈行為〉や〈責任〉の概念にかんしても、その用法の特徴を指摘することはできる。以下、大まかに見ていこう。

例えば、XがYを殴ってケガをさせた、というケースを考えよう。ここで〈Yを殴った〉というのはXの行為である。一般に、行為に関しては「誰の?」という問いが意味をもつ。そしてこの「誰の?」への正しい答えである人物がその行為の主体(いわゆる行為者）である。この点を踏まえると、〈行為〉の概念は〈主体〉の概念とつながっている、と言える。例えば問題のケースにおいて〈Yを殴ること〉の行為主体はXである。

さて、目下のケースでは、Yはケガをしたのだが、これは誰のせいだろうか。答えはもちろん「Xのせい」である。押さえるべきは、〈責任〉の概念は「……のせい」という言い回しで表現される、という点だ。この点を敷衍すると次のようになる。

〈責任〉とは主体と出来事のあいだの関係である。具体的には「YがケガをしたのはXのせいだ」などと言われるが、この命題はXという主体と《Yがケガをした》という出来事のあいだに「……のせい」という関係が成り立つことを述べている。一般に、ある行為の結果にたいして責任を負うひとは、その行為の主体である。このように〈行為〉・〈責任〉・〈主体〉の概念は相互に結びついている。ちなみに、責任は（行為の結果についてだけでなく）行為そのものについても語られることがあり、「Yを殴るという行為に責任があるのはXだ」などと言われたりもする。

以上の考察は決して概念の分析的説明ではないが、それでもそれによって言葉づかいはかなり整理される。例えばシーラッハの小説に戻ると、事件の犯人は〈男性に犬をけしかけて彼を蹴ったり殴ったりした〉という行為の主体である。そしてこの行為および男性のケガに責任を負う人物こそが犯人である。だがトゥランは問題の行為の主体ではない。被害者のケガは彼のせいではない。それゆえトゥランは犯人ではない。したがってこのひとへ苦しみを与えることは、少なくとも応報の観点から言えば、無意味である。

4 責任の条件は何か?

ここまでの議論で何が判明しただろうか。それはひとつに、〈応報〉の概念は〈行為〉・〈責任〉・〈主体〉などが相互に結びつく概念ネットワークの一部だ、という点だ。なぜなら、一方で〈応報〉は「犯人である者/犯人でない者」の区別を前提するが、他方で「犯人」という概念は〈行為〉・〈責任〉・〈主体〉と結びついているからである。それゆえ、私たちが応報の理屈を語るとき、私たちは同時に〈行為〉・〈責任〉・〈主体〉などの概念も用いている。逆から言えば、後者の概念群なしに、《他人を一方的に害した者が何の報いも受けずにのうのうと暮らしているのは不正義だ》という応報の理屈を成り立たせることはできない。

話がここまで進めばひとつの問いが生じる。応報の理屈が成り立つさいには――たったいま指摘したように――〈行為〉や〈責任〉の概念が使用可能でなければならない。じっさい、「……は誰々のしたことだ」や「……は誰々のせいだ」などが言えなければ、《誰に報いを与えるべきなのか》が不明になる。とはいえ「……は誰々のしたことだ」や「……は誰々のせいだ」はどんな場合に言われるのか。〈行為〉や〈責任〉の概念はどんな場合に使用可能になるのか。「……がした」や「……のせいだ」と言える条件は何であるのか。

ふたたびシーラッハの作品をとりあげよう。先述の短篇集『罪悪』には「子どもたち」と題された作品も収録されている――大まかな内容を紹介すると以下だ。

ホールブレヒトという男性がある少女への性的虐待のかどで逮捕され、最終的に三年半の禁錮刑を受けることになった。刑期を全うして出獄した彼は観光客向けのレストランで働くことになる。大通りに立って、道行くひとたちに、料理の写真を貼ったボール紙を見せたりチラシを配ったりする、という仕事だ。

仕事中、ホールブレヒトは、大通りを定期的にある娘が通ることに気づいた。自分を性的虐待で訴えた少女である。彼女は一六歳か一七歳に成長しボーイフレンドがいるようだ。ホールブレヒトはこの少女に恨みを抱いている。そしてこの少女に復讐することを計画する。この場面をシーラッハは次のように描写する。(2)

娘は毎週土曜日、クアフュルステンダム大通りにあらわれ、ホールブレヒトと彼が提げているボール紙の看板のそばを通り過ぎた。ホールブレヒトは週末に休みをとって待ち伏せた。娘がやってくると、あとをつけ、ショップやカフェやレストランの前で見張った。彼に気づく者はだれもいなかった。四度目の土曜日、娘は映画館に入った。ホールブレヒトは娘の真後ろの席についた。娘はボーイフレンドのももに手を置いていた。ホールブレヒトは娘の香水をかぎ、ささやき声を聞いた。ズボンのベルトにさした包丁を抜き、上着で巻いた。娘は髪を上げていた。ほっそりとしたうなじに金色の産毛が見えた。ホールブレヒトには、その産毛の一本一本が数えられそうな気がした。

ホールブレヒトは、自分にはその権利があると信じていた。

これは男が少女を包丁で刺すか刺さないかの場面である。ここからじっさいにどうなるかは作品を読んで知っていただくことにして、ここでは仮定の話をする。すなわち、もしここでホールブレヒトが少女を刺すことを選ぶとすれば、この〈少女を刺すこと〉は彼の行為となり、その結果にたいして彼は責任を負うだろう。これもたいへん単純な話だが、それでも〈行為〉や〈責任〉についてひとつのことを教えてくれる。じつに行為や責任の条件には〈選択〉が含まれる。すなわち、刺すか刺さないかを選べる状況で、刺すことを選ぶ――こうした場合に、〈刺すこと〉はそのひとの行為になり、そのひとに責任が生じる（この〈選択〉と〈責任〉の関係はすぐ後でさらに掘り下げられる）。

このように〈行為〉や〈責任〉は〈選択〉と結びついているのだが、それは同時に〈自由〉とつながっているとも言える。XがYを殴ったというケースに戻ろう。ここで、《Yを殴るかどうか》をXが決められるとき、言い換えれば、Yを殴るかどうかの決定がXの自由であるとき、Yを殴ることは「Xの行為」と見なされ、Xはその責任を負うことになる。他の原因によってではなく、まさにX自身が決めたときに「Xは自由に選んだ」と言われるが、〈行為〉や〈責任〉はこの意味の〈自由〉ともつながっている。行為や責任は〈自由〉もまた条件にしている、ということだ。

さて必ずや押さえるべきは、自由な選択のないところでは「……がした」とか「……のせいだ」とは言えない、という点である。具体的に確かめよう。

これまで《XがYを殴った》というケースを繰り返し見てきたが――要点の明確化のた

めの思考実験として――じつのところ、事件当時においてXにはまったく意識がなく、このひとはZという人物から遠隔操作されていたとしよう。そしてZはリモコンでXの腕を動かし、それでもってYの身体に暴行を加えたのであったとする。この場合、どうなるか。

第一に、Yを殴ることは（少なくとも重要な意味で）「Xがやったこと」とは見なされなくなる。Yを殴ることは「Xの行為」でない、ということ。なぜならそれはXが決めたことでないからだ。第二に、Yのケガへの責任はXが負うものでなくなる。むしろこの責任は、この場面で自由な選択を行なったZに帰されることになる。Zこそが自由な選択主体であり、結果の責任は彼が負うことになる。要するに思考実験の条件を認めれば、Xの自由な選択が存在しないために、Xの行為もXの責任も無い。この状況において重要な何かを「行なって」いるのはZであり、Zこそが結果の責任を負うべき主体である。

いったんまとめよう。

ここまでの考察で《一群の概念が互いに結びついている》という事実が確認された。それは――列挙すると――〈応報〉そして〈行為〉・〈責任〉・〈主体〉・〈選択〉・〈自由〉である。〈応報〉という概念を踏み込んで理解するさいには、それがこれらの諸概念と互いにつながっているという事実をつかむ必要がある。そして、これらは互いにがっちりと結びつき合っているので、いずれかの概念が使用不能になれば他のものもそうなる。例えば、選択や自由が無いことが判明すれば、責任も無くなり、応報の理屈も使えなくなる。

だがこれはどういうことか。すなわち、たったいま《問題の概念たちは互いに不可欠の仕方でつながっている》と指摘され、〈選択〉や〈自由〉の概念が適用不能になれば、〈責任〉も〈応報〉も使用できなくなる、と言われたが、これは具体的にはどういうことか。この点を捉えるにはいくつかの事例を見る必要がある。読者の多くにとってこの点がピンとくるのは次章の終盤あたりだろう――本章では理解の出発点となるケースを取り上げたい。

5　責任を疑うロジック

三度目だがシーラッハである。

彼の第一作の短篇集『犯罪』(3)の冒頭には「フェーナー氏」と題された印象深い作品がある。そのストーリーは《数十年にわたって配偶者から罵倒されたり暴力を振るわれたりしていたフェーナーが、ある日、「ささいな」ことをきっかけに彼女を斧で殺す》というものだ。全体として「責任とは何か」や「罰するとは何か」を考えさせる内容になっている。そして――本章の文脈から言えば――同作を読むことで《自由や選択が無ければ責任も応報も無い》というロジックの一端を知ることができる。

少し細かく物語を追っていこう。

ミュンヘン大学で医学をまなぶフェーナーは、ウェイトレスとして働いているイングリットに首ったけになった。はじめは彼女の性的魅力に惹かれたのだった。結婚し、カイロへのハネムーン中、フェーナーはイングリットが自分を心底信頼していると感じた。帰国直前に新妻は「あたしを捨てないと誓って！」と迫った。フェーナーは「誓うよ」と告げて互いに愛し合った。

フェーナーは医学の博士号をとり郡立病院の勤務医になった。新しい日々を暮らしていくにつれて――ありうることであるが――フェーナーにとってイングリットは変わっていった。はじめ彼女は夫のレコードのコレクションを勝手に捨てた。また彼女はフェーナーに「ナイフの持ち方が気に入らない」などの文句を言い始めた。小言は毎日続いた。そのまま数十年が過ぎた。

豚野郎、下種、うすのろ、などと口汚い言葉を浴びせられながら、フェーナーは辛抱して暮らした。ある晩、イングリットに精神科へ相談に行くことを説得しようとすると、フライパンを投げつけられた。

六〇歳になる前の晩、フェーナーは考えた。自分は生涯「囚われの身」なのだ、と。自分は新婚旅行中にイングリットへ「捨てない」と誓った。誓いは守らねばならない。フェーナーは、バスタブのふちに座って泣いた。――ここからさらに十年以上が経った。

きっかけはイングリットの小言だった。七二歳になったフェーナーは庭の手入れをしていた。そこへ「また客室の窓を閉め忘れたわね。まったく間抜けなんだから」と怒鳴り声があった。その瞬間、フェーナーの中で何かが起こった。

夫は妻に、地下室へ来て、と言った。彼女が下りてきたとき、フェーナーは無言で斧をふりおろした。頭蓋骨が割れるほどの致命傷だった。イングリットは地面に倒れる前にすでに死んでいた。

――以上が本章の関心にかかわる「フェーナー氏」の物語だが、形式的には次のようにまとめられるだろう。フェーナーは、長年にわたる妻からの罵倒の末、とうとう「切れて」彼女を殺害した。イングリットを斧で殺すことの行為主体はフェーナーであり、結果として生じた彼女の死にフェーナーは責任がある。

だが本当にそう言えるのか。〈行為〉や〈主体〉や〈責任〉については、ときに、《問題の人物へこれらの概念は本当に適用できるのか》が疑われうる。そしてフェーナーにかんしてもその疑いは生じうる。節を変えて見てみよう。そこで確認したいのは《どのようなロジックを通じて人間の責任は疑われるか》である。

6　それは彼の選んだ行為なのか？

事件の日に至るまでフェーナーはほぼ毎日イングリットから罵詈雑言を受け続けていた――それは四〇年以上の長きにわたった。この点に鑑みると次のように言えるかもしれない。すなわち、フェーナーをして妻の頭蓋骨に斧をふりおろさせしめた原因は長い時間をかけて彼のうちに蓄積された何かであった、と。じっさい当日のイングリットの小言――すなわち「また客室の窓を閉め忘れたわね」や「まったく間抜けなんだから」――はある意味で「ささいな」ものであった。だがそれによって堰《せき》を切られたフェーナーの心の貯水池はもはや崩壊するしかなく、溜まりに溜まった何かは吐き出されて氾濫するしかなかった。事件におけるフェーナーの行動は彼自身が選んだものではなく、それは当人に制御できない仕方で生じた「暴発」であった。

以上の記述は妥当なのか——この点は議論の余地がある。とはいえ、この記述が的確である可能性がある以上、《事件においてフェーナーが自由な選択主体であったか》は少なくとも疑いを容れる。ひょっとすると事件の日までに彼の精神はふつうでない状態に陥っていたのかもしれない。そして彼は最後の罵詈雑言をきっかけとしてある意味で「壊れて」しまったのかもしれない。そしてあとは自動的に身体が動くだけであったかもしれない。フェーナーは自分の行為を選んでおらず、むしろ不幸の積み重なりが彼の行動を引き起こしたのかもしれない。

以上のように〈選択〉や〈自由〉の概念が事件のさいのフェーナーに適用されるかは決して確実でない。そしてこうした疑義に根拠があり、フェーナーに〈選択〉と〈自由〉が適用できないならば、どうなるか。そのときにはフェーナーは、イングリットを斧で殺すことの行為主体でなくなる。もちろん彼女の頭に斧をふりおろしたのはフェーナーの腕であるが、これは彼が選んだ行為ではない——それゆえそれは「フェーナーの行為」と言うことができない。かくしてイングリットの死の責任をフェーナーに帰すこともできない。

もちろん彼女が亡くなってしまったことは悪しき事態だが、夫にその責任が認められない以上、彼を刑罰で苦しめることは（応報の観点からは）意味があるとは言えない。

本章で必ずや押さえたいことは――先取りすれば――《以上の議論が何かしら一般的なロジックに従っている》という点だ。とはいえこのロジックの骨格はあとで確認することにして、もういちど「フェーナー氏」の一節へ戻ろう。

じつに小説の語り手である弁護士も《容疑者は自由な選択主体であったか》を疑う。そして彼は法廷で《フェーナーは自分の行為を自由に選択できる状態にはなかったのであり、それゆえ彼は妻の死の責任を負わない》と主張する。すなわち、新婚旅行中にフェーナーがイングリットに誓いをたてたことは前節でふれたが、これについて弁護士は言う。(4)

フェーナーは現代人ではなかったのだ。彼は本気で誓いを立てた。それが彼の生涯を縛った。というより、彼を囚われの身にしたといった方がいい。フェーナーはそこから逃げだすことができなかった。そんなことをすれば裏切りになる。突発的な暴力は、誓いを立てたことでずっとがんじがらめにしてきた圧力容器がはじけ飛んだ結果なのだ。

ここでは、フェーナーの行動は当人のコントロールを超えた「突発的な」ものであり、彼はそれを自由に選べる主体ではなかった、と述べられている。こうした意見の存在に鑑みても《フェーナーの責任は疑われうる》というのは事実だと言える。この事件で容疑者が最終的にどう裁かれるかは伏せておきたい（気になる方は短篇を読まれたい）。いずれにせよここで押さえたいのは第一に、責任にかんして疑いが生じるケースがある、という点だ。そして、こうした疑いはある一般的なロジックに従って生じる、という点も重要である。

ではそのロジックはどのようなものか。それは、〈自由〉や〈選択〉へ疑いを投げかけることでもって〈責任〉を疑う、というロジックだ。「フェーナー氏」に即して確認すると以下のようになる。

弁護士は《フェーナーはイングリットの死の責任を負っていない》と主張したが、その根拠はとりわけ《夫の行動は突発的であり彼自身が自由に決めたことではなかった》や《彼は行動を選べなかった》というものだ。これは本章半ばで述べたこと——すなわち〈責任〉・〈選択〉・〈自由〉などの一群の概念が互いにつながっていること——の例示になっている。じつに、あるひとの自由や選択が否定されれば、そのひとの責任も退けられることになる。逆から言えば、ひとが何かに責任を負うためには、その何かはそのひとの自由な選択によるものでなければならない。このロジックはたいへん一般的であり、じっさいの刑事事件の弁護でも頻繁に用いられる。

7 応報は不可能か？

話がここまで進めば〈応報〉の概念がはらむ問題の骨格を浮き彫りにできる。

本章の前半で〈応報〉は〈行為〉や〈責任〉や〈主体〉、そして〈選択〉や〈自由〉と結びついていると指摘された。しかしながら――次章と次々章で具体的に見るように――《そもそも私たちは誰も自由な選択主体でない》と主張する無視できない議論が存在するのである。すなわち人間の自由な選択を原理的に否定する議論があるのだ！　そして、この議論が正しければ、誰も自分の行動に責任を負えないことになる。

だが、責任というものが消滅する場合、何が起こるか。ひとつには、「犯人」という言葉が誰にも適用できなくなり、応報の理屈も成り立たなくなる。すなわち、《これは彼が行なったことだ》や《これは彼女に責任がある》などがまったく言えなくなり、その結果、〈悪い行為の報いとして罰する〉ということが意味をもたなくなる。応報の意味の「処罰」

がナンセンスになる、ということだ。

これが応報をめぐる問題の骨格である。どんな問題かを約めて言えば、それは〈応報〉の概念の適用可能性をめぐる問題であり、同時に《応報の意味の罰はじっさいには行なえないのではないか》を考察する問題である。じつに、誰も行為に責任を負う主体ではないにもかかわらず、悪事の「報い」として誰かを罰するとすれば、それはまったく正義に寄与しない（むしろ却って不正義になると感じるひとが多いだろう）。応報の理屈が成り立つためには、不正に責任を負う「犯人」がいなければならない。それゆえ、《ひとは自由な選択主体ではなくそれゆえ誰も自分の行為に責任を負えない》と主張する議論の存在は、〈応報〉の概念の適用可能性への脅威となる。はたして応報の意味の罰は可能なのか。

以上の説明で最も気になるのは「ひとは自由な選択主体でない」と主張する議論がどのようなものかであろう。本章では「フェーナー氏」を例にとり《自由や選択の存在が疑われるケースがあること》を見たが、それを一般に押し広げるような議論が存在する。すなわち、フェーナーに限らず、そもそも人間には自由な選択など不可能だ、と主張する議論が存在するのである。それは神経科学や社会心理学を持ち出す議論であるが、詳細は次章以降で確認することにしよう。

要点を繰り返したい。罰にはいろいろな意味がありうるが、現実の社会では、〈応報の意味のもとで罰する〉ということがときに行なわれる。いや、より正確に言えば、私たちの多くは《応報の意味の罰が可能だ》と信じながら生きている。だがこうした応報的罰は本当に可能なのか——これが応報をめぐる問いの直感的な定式化である。たしかに、仮に応報的罰が正しく行なわれえないとしても、他の意味において罰することは有意味でありうる（例えば抑止や追放の意味で罰することは可能だろう）。だがいずれにせよ《応報的罰は有意味に行なわれうるか》は重要な問いだ。そして、次章以降で見ることだが、自由な選択の存在を否定することで《応報的罰は無意味だ》と主張する議論が存在する。はたしてこの議論は正しいのか。本当に応報的罰は無意味なのか。

本章で確かめられたことを振り返っておこう。

第一に、〈応報〉の概念は〈行為〉・〈責任〉・〈主体〉・〈選択〉・〈自由〉のそれぞれと互いにつながっており、これらはひとつの概念クラスターを形成している。そして、いずれかの概念の適用可能性が否定されれば、他のそれも使えなくなる。とりわけ、〈自由〉や〈選択〉が使用不能となれば、その結果、〈責任〉は当てはまる対象を失い、〈応報〉の理屈も成り立たなくなる。

第二に——たったいま述べたことと直接かかわるが——応報としての罰の有意味性を否定する一般的なロジックが存在する。それは、はじめに自由な選択の存在を否定し、これでもって責任主体の存在を退け、そこから《応報の意味で罰することはナンセンスだ》という結論を導き出す、というロジックである。次章と次々章で《応報的罰は意味をなさない》とする立場をいくつか見るが、そのどれもベースラインとしてこの理路を採用している。

ちなみにここで問題になっているのは、応報的な罰の正当性ではなく、むしろその有意味性である。哲学の書物でしばしば「応報の意味でひとを罰することには正当性がない」と主張されたりするが、本書ではこれとは区別されたより根本的な問いが論じられる。それは「そもそも人間は応報的な罰を受けうる存在なのか」や「人間に〈応報〉の概念は適用されないのではないか」などの問いである。この問いは、「正しさ」を論じる次元の手前にある、「有意味性」を論じる次元に属す。《第Ⅱ部以降も「正当か不当か」は問題になっていない》という点は心のどこかに銘記されたい。

第五章　自由否定論

1　神経科学からの問題提起

前章で〈応報〉をめぐる問いの骨組みが紹介された。本章（および次章）はそれを肉づけする。じつに《応報的罰は本当に有意味なのか》という問いはしばしば学的知見を踏まえて提起される――本章では神経科学を経由した問題提起を見てみたい。それはベンジャミン・リベットの実験にかかわるものだ。

リベットとは何者か。本題に進む前にこの点を説明しておきたい。このひとはアメリカで活動した神経科学者であり（一九一六年生まれ、二〇〇七年死去）、いわゆる「意識的な意志」と脳神経活動とのあいだの時間的関係についての重要な実験を行なったことで有名である。その実験の結果は《ひとが意識のレベルで自分の行動を決心する時点よりも前に、脳においてその行動を引き起こす神経活動は始まっている》というものだ。この結果は――リベットも自覚するように――〈自由〉や〈選択〉の概念の適用可能性にかかわる。それゆえその結果から〈責任〉や〈応報〉の問題を引き出す論者もいる。かくして、リベットは〈哲学の問題へ大きなインパクトをもたらす実験を行なった人物〉だ、と言える。

ただし――急いで付け加えるべき注意だが――リベット自身は《人間は自由な選択主体だ》と考えている。そして彼の実験の結果から《人間は自由な選択主体でない》という結論を引き出すのはリベット以外の論者である。というわけで状況はやや複雑である。それゆえ本章では《誰の立場は何か》をできる限り正確に紹介するよう努める。

本章の目標は神経科学の考察から引き出されうる責任と応報の問題を確認することだ。ただしその軸となるロジックは前章で紹介したものと変わらないので（すなわち、自由な選択の存在を疑うことによって、責任と応報の基盤を揺るがすという理路だ）、以下でじっくり論じるべきは神経科学の実験および理論の具体的内実である。それゆえ、本章の前半ではリベットの実験の全体像をつかむことを目指し、後半ではそれを踏まえた科学者たちの議論を見ていきたい。

本章の話は以下の順序で進む。はじめにリベットの実験がどのようなものかを全体的につかむ（第2節と第3節）。次にリベット自身が自由意志についてどのように考えていたのかを押さえる（第4節）。そのうえでリベットの見方への批判を確認し（第5節）、彼の実験の結果を異なる仕方で解釈する「分かりやすい」理路を取り上げる（第6節）。最終的に、リベットの実験からは「分かりやすい」理屈を通じて責任や応報をめぐる問題が引き出される、という点が確認されるだろう（第7節）。

2 脳の神経活動と意識的意図

はじめに、リベットの著作『マインド・タイム』[1]の叙述に従って、彼の実験がどのようなものかを確認したい。一般に、ひとつの実験の内容を全体的につかむには、それが行なわれた動機・そのセッティング・その結果の三点を押さえる必要がある。以下、リベットの実験についてそれぞれ見てみよう。

はじめに動機や背景について。[2]

リベットの実験の二〇年ほど前、コーンフーバーとディーケというふたりの神経生理学者の研究によって《ひとが自発的に身体運動を行なうとき、それに先立って脳の一定部位で電位の変化が観察される》という事実が明らかになった。具体的には、被験者が手首や指の屈曲運動を自発的に行なうとき、筋肉の運動が開始する八〇〇ミリ秒以上前に脳内の電位変化が観察される、ということだ。ここで生じる電位は「準備電位（Readiness Potential)」と呼ばれる（以下「RP」と略される）。コーンフーバーとディーケの実験によると、脳内でRPが生じ、そこから八〇〇ミリ秒以上経った後で腕の運動が生じるのである。

さてリベットはこの研究を知ったときに次のように考えた。すなわち、RPの生じる時点は手の運動の開始する時点よりもかなり早い――それゆえ、腕を動かすさいの意識的意志、すなわち「よし、動かすぞ！」という意志が現れる時点も、RPの生じる時点とズレるに違いない、と。少しややこしいかもしれないのでじっくり説明する。ここでは三つの時点の前後関係が問題になっている。すなわち、

①手の運動が開始する時点
②脳内でRPが生じる時点

③心の中で「よし、動かすぞ！」という意識的な意図が現れる時点

の三つについて、どんな順序で起こるかが問題になっている。すでに述べたようにコーンフーバーとディーケの実験は《②が①より八〇〇ミリ秒以上早いこと》を明らかにした。そしてリベットはここから《②と③もズレるにちがいない》と考えた。

ここからどうなるか。あるとき、②と③の前後関係について大御所がひとつの主張を行なった。すなわちノーベル賞をとったこともある神経生理学者ジョン・エックルスが、《意識的な意図がRPを引き起こす》と考えて、《③は②よりも早い》と述べたのである。たしかにこれは「自然な」主張だと言える。というのは身体運動の究極的な原因は「よし、動かすぞ！」という意識的意志だと思われるからだ。そしてこの考えが正しい場合、因果の順序から「③→②→①」という時間の前後関係が導き出される。

だがリベットはエックルスの主張に「証拠がない」と考えた。これはじっさいにそうである。なぜならエックルスの主張は、客観的に検証されたものではなく、たんに「自然な」実感にもとづくものだからだ。逆にリベットは、②の〈脳内のRPの発現時点〉と③の〈意識的意図が現れる時点〉の前後関係は何かしらの実験を通じて明らかにされねばな

らない、と考えた。それゆえ彼はこの点を解明する実験のセッティングを模索することになる。

以上がリベットの実験の動機だ。要点を繰り返すと、第一に、コーンフーバーとディーケの実験の結果は《RPの開始時点と意識的意図の出現時点とがズレるであろうこと》を示唆した。ではどちらが早いのか。この点を明らかにすること、そしてエックルスの「証拠のない」主張が正しいかどうかを検証すること、これが実験の目的である。

3 リベットの実験

次に実験のセッティングについて(3)。

これを工夫するさいにリベットの直面した問題は《どうやって意識的意志の出現する時点を測定するか》である。なぜなら、「よし、動かすぞ!」という意識は心の中で生じるものなので、実験者が被験者のそれを客観的に確かめることはできないからだ。こうしたテクニカルな問題の解決にも興味深いドラマが見出されるのだが(4)、ここでは最終的に選ばれたセッティングだけを説明したい。

リベットの実験で意識的意志の出現時点は、被験者の内観（すなわち本人の主観的な観察）で測定される。だがここにひと工夫ある。すなわちいわゆる「オシロスコープ時計」が用いられる。これは被験者から見える位置に置かれる特殊な時計であり、光の点が円い時計盤の縁を二・五六秒で一周する。そして時計盤には目盛りがふられているが、そのひとつは四三ミリ秒を示す――そのため比較的細かい時間まで測ることができる。

とはいえこの時計を具体的にどう使うのか。

被験者はオシロスコープ時計から約二、三メートル離れたところに座り、時計盤を眺める。被験者は、手首のすばやい屈曲運動を、やりたいときにいつでも行なってよいと指示されている（彼あるいは彼女は、いつ行動するかをあらかじめ定めておらず、「よし、動かすぞ！」という思いが自然に生じるに応じて手を動かすよう指示されている）。加えて被験者は、手首を動かそうとする意識的意志が生じた時点（すなわちこの種の意図が生じたと内観で気づかれた時点）で、《光点が時計盤のどの目盛りの位置にあったのか》を覚えておくよう指示されている。粗っぽく言えば、被験者は「よし、動かすぞ！」という意識的意志が心の中に現れた時点を覚えておくよう指示されている、ということだ。

以上の仕方で〈意識的意志の発現時点〉が測られるとともに、〈手首の運動が開始する時点〉と〈RPの開始時点〉も記録される。後者のふたつについてはいろいろな装置を使って客観的に測定することができる。すなわち、被験者の頭に装着された機械がRPの開始時点を記録し、腕につけられた器具によって筋運動の開始時点も計測される。

では実験の結果はどのようなものであったか。(5)

いま説明したセッティングで、①筋運動が開始する時点、②RPが開始する時点、③意識的意志が発生する時点のそれぞれを測る。じつを言えば③は被験者が報告する時点へ一定の補正を加えて算出されるのだが、その詳細にここで踏み込む必要はない。以下、筋運動の開始時点をK（"kinetic"の頭文字）、RPの開始時点をB（"brain"の頭文字）、意識的意志の発生時点をW（"will"の頭文字）と置き、実験結果を箇条書きにすれば次のようになる。

・BはKよりも約五五〇ミリ秒早い。
・WはKよりも約一五〇ミリ秒早い。
・したがってBはWよりも約四〇〇ミリ秒早い。

すなわち図にすれば次である。

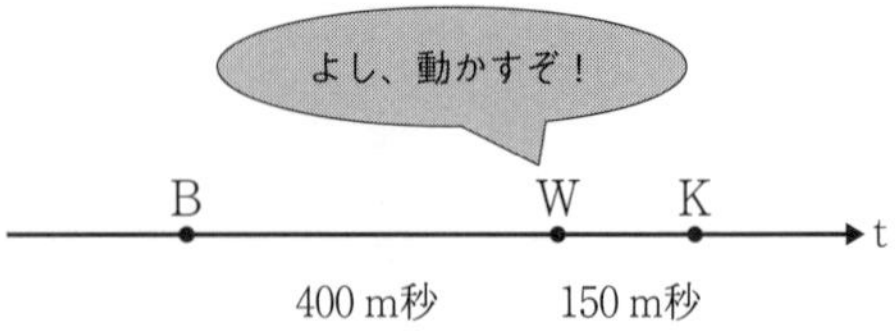

このように実験結果は《RPが生じた後で、意識的意志が現れて、最後に筋運動が起こる》というものだ。これは、少なくともいったんは、エックルスの主張を覆す。この神経生理学者はさしたる証拠なしに《意識的意志が最初に現れる》と述べたが、いまやそうした主張は実験の結果に反する。この意味でリベットの行なったことはたいへん有意義であり、「成功した」とも言える。というのもそれはエックルスの主張の是非を首尾よく確かめたからである（そして結果は否定的なものだった）。もちろん——少なからぬ読者が気づくように——実験で被験者の内観報告が用いられている点はいささか気になる。とはいえリベットはここにかかわる問題点を最小化するよう努めており、さしあたり根本的なケチがつくような箇所ではない。

ちなみに——大事な注意点として——コーンフーバーとディーケの実験では〈BからKまでの時間〉は八〇〇ミリ秒以上だったが、リベットの実験ではそれが約五五〇ミリ秒になっている。この違いの原因は何か。それは、ひとつには、《前者の実験では被験者がどのタイミングで意志するかをあらかじめ決めていたからだ》と解されうる。[6] すなわち、準備のある決心だとBからKまでの時間は比較的長くなり、（リベットの実験のように）準備のない決心ではBからKまでの時間は短い、ということ。かくしてふたつの実験結果のあいだに矛盾があるわけではない。

4 拒否する自由意志

以上がリベットの実験だが、これは哲学的な含意を有しうる。じっさいこの実験から《人間は自由な主体ではない》という哲学的帰結を引き出す論者は少なくない。例えば、あとで具体的に見るが、心理学者のダニエル・ウェグナーがそうだ。とはいえリベット自身は、彼の実験の結果にもかかわらず、《それでも人間は自由だ》と主張する。以下、その理路を見ていこう。

はじめに押さえるべきは、リベットの実験から自由をめぐる哲学的問題が生じる、という点だ。この種の問題が生じる理屈はよく分かる。なぜなら、実験結果によると、ひとが心の中で「よし、手を動かすぞ！」と意識的に意志するよりも前の時点ですでに〈手の運動を生み出すことになる脳の活動〉は開始しているからだ。かくしてリベットは次のように言う。

［…］自発的な行為につながるプロセスは、行為を促す意識を伴う意志があらわれるずっと前に脳で無意識に起動します。これは、もし自由意志というものがあるとしても、自由意志は自発的な行為を起動していないことを示します。(7)

ここでリベットは、腕の運動を引き起こすプロセスは「よし、手を動かすぞ！」よりも前の時点で始まっている、と指摘する。この点を踏まえると、腕の運動の発生を決めるのは、ひとの意識的な意志ではなく、それに先行する脳内の無意識的出来事（すなわちＲＰ）だ、と言えるかもしれない。そしてこれを一般化すれば、意識にのぼらない脳の神経活動が人間の身体運動を決定しており、《どのように身体を動かすか》はじっさいには意識的にコントロールされたものではない、と言えるかもしれない。そうであるならば、私たちが自分を自由と思っていることは錯覚であることになる。すなわち私たちはじっさいには自由ではなく、それゆえ本当は自分の行為に責任を負う主体でないことになる。

リベットの実験から人間の自由および責任を否定する考え方へ進むこと――これは二〇

世紀の終わりごろから少なからぬ論者が行なってきた議論である。これについて本書がどのように考えるかは後に（すなわち第九章で）明らかになるだろう。本節ではまずリベットがどう考えていたかを確認したい。

リベット自身は、さっきも予告したように、彼の実験の結果にもかかわらず《私たちは自由な主体だ》と主張する。だがそれはいかにして可能か。彼は〈自由〉のあり方について「ひねり」のある考えを提示する。

はじめにリベットは、RPが開始してから筋運動が生じるまでに五五〇ミリ秒の時間があること、そして「よし、動かすぞ！」という意識的な意志が身体運動よりも一五〇ミリ秒前に生じうることに注目して、次のように主張する。すなわち、RPが開始して筋運動の発生につながるプロセスへ意志は介入できる、と(8)。なぜなら介入のための時間的余裕は十分にあるからだ。より具体的に言えば、一方でRPは何も介入がなければ最終的に筋運動を引き起こすが、他方で人間の意志の働きはRPが筋運動へつながるプロセスを途中でストップさせることができる、ということ。要するに、身体運動につながる神経過程は無意識的に発生するが、《その身体運動がじっさいに実現するかどうか》は意識的な意志が決めることのできることなのである。

このように、リベットによると、人間の自由は〈すでに始まっている脳内プロセスを起こるがままにするか停止させるかを選ぶ〉という形で存在する。これについて彼曰く、

意識を伴う自由意志は、人間の自由で自発的な行為を起動してはいません。ですが、意識を伴う自由意志は行為の成果や行為の実際のパフォーマンスを制御できます。行為を（実行に至るまで）推し進めることもできるし、行為が起こらないよう拒否もできます。(9)

繰り返し述べるように——リベットによれば——身体運動へつながるプロセスは（意識的な意志ではなく）無意識の脳内活動が開始する。だがここでも行為の選択は可能である。なぜなら、引用で言われるように、このすでに始まっているプロセスについて、人間の意識的意志は《受け入れるか、拒否するか》のいずれかを選ぶことができるからだ。押さえるべきは、人間は無意識的に開始するプロセスの操り人形ではなく、そのプロセスを「拒否」することもできる、という点だ。このようにリベットの見方は「拒否」をキーワードとする。それゆえそれはときに「拒否権説（veto theory）」と呼ばれたりする。

リベットの行なっていることは何か。それは、先にもふれたが、「自由意志」というも

の内実を捉え直すという作業だ。伝統的に自由意志は行為の出発点と考えられてきた。言い換えれば、身体運動へつながるプロセスの開始点にあるのが自由意志だ、ということ。とはいえリベットは、自身の実験の結果を受けて、自由意志は〈何かを始める力〉でないとする。彼によると自由意志はむしろ〈すでに始まっているプロセスを途中で停止する力〉である。ここでは「自由意志」へ新たな意味が与えられている。洒落たレトリックを使えば、リベットの立場は《自由意志（Free Will）は存在しないが自由拒否（Free Won't）は存在する》というものだ、と言うこともできる。重要なのは、リベットにおいて「自由意志」は〈始める力〉ではなく〈停止する力〉として捉え直される、という点だ。

5　拒否は無意識の原因をもたないのか

《リベットの立場は正しいのか》はここでは踏み込んで論じない。本書が彼の道行きをどう評価するかも後で（すなわち第九章で）明らかになるだろう。ここではふたつの点を指摘したい。第一にリベットの立場へはよく分かる批判がある。第二に、リベットの実験の結果については、それを人間の自由を否定するものと見る「分かりやすい」解釈がある。

本節では第一の点を確認しよう。

リベットの立場は《私たちは無意識のプロセスの操り人形ではない》と主張する。その理由は、前節で詳しく見たように、《無意識に起動するプロセスを私たちは拒否できるから》だ。とはいえ――ありうる問いだが――この拒否は何を原因として生じるのか。すなわち《すでに始まっている神経プロセスを拒否するか否か》は何によって決まるのか。この点を掘り下げると、自由な選択が存在することへの疑念が再来する。

《拒否の原因は何か》を問えば、私たちはそれを脳内の何かしらの神経活動のうちに求めざるをえない。だがそうであれば、《拒否が生じるか否か》は脳内で無意識に起動する過程（すなわち私たちのコントロールを超えた過程）によって決まるのかもしれない。そして、もし拒否が無意識のプロセスから生じるのであるならば、私たちが《自分が拒否するかどうかを決められる》と思っているのは錯覚だということになる。おそらく私たちは、無意識の原因を知らないために、それを自分の決定と感じるのだろう。かくして意識的な拒否における私たちの自由な選択も幻影であったことになる。

以上の批判はよく分かるものだ。それゆえそれを採用する者はたくさんおり、例えばリベットの『マインド・タイム』の訳者のひとりである神経科学者の下條信輔も文庫版解説[10]

で同様の批判を提示する。下條は意識的な拒否をめぐるリベットの議論は「いささか不整合をきたしている」と指摘し——この指摘は重要な点で正当なのだが——その理由を次のように展開する。

というのも先に述べた通り、「すべての心的現象には、神経過程が先立つ」という現代神経科学の基本的な仮説に、リベットは決定的な根拠を与え、推進した。皮肉なことにこの観点からみると、ある行為を「抑制する」意志自体にも、先行する無意識的な神経過程があると考えるのが自然だ。だとすれば、話はもとの決定論に戻ってしまいかねない。(11)

下條によれば、そもそも現代神経科学とは、一切の心的現象に何かしらの神経活動が原因として伴うと考えながら探求を行なうプロジェクトである。だがそうすると、リベットの考える意識的な拒否についても、それに先行する神経的原因(これは無意識に生じる過程であろう)がなければならない。この場合、そうした無意識的な神経活動が生じたことの結果として、「よし、拒否するぞ!」という意識が生じることになる。かくしてそれは自由な選択でない――むしろ自己のコントロールを超えて「ただ生じる」ところのものである。

《下條の批判は正しいのか》もここでは踏み込んで論じない。ただし、このタイプの批判がたいへんよく分かるものだ、という点は強調しておきたい。じっさい、リベットの拒否権説の主張を聞くさい、必ず「では拒否はいかにして生じるのか」という問いが思いつかれる。リベット自身は「拒否を促す意識的な決定は、先行する無意識プロセスがダイレクトに定めなくても実行される可能性もあります」と述べて[12]、《拒否は無意識の原因をもつ》という見方を「必然でない」として避けようとする。とはいえ――自然なリアクションであろうが――拒否が無意識的なプロセスを原因としてもたないのであれば、それはどこからやってくるのか。何の原因もなしにパッと現れるのか。この点を突き詰めれば《拒否もまた何かしらの先行する無意識的な過程の結果だ》と言わざるをえないような気がしてくる。だがこの場合には、人間の自由な選択の存在は疑われうる。

6 見せかけの心的因果

以上のようにリベットの《人間は自由な選択主体だ》という立場へは批判がありうる。加えて——予告した第二の点だが——リベットの実験からはむしろ人間の自由を否定する「分かりやすい」理路が組み立てられる。それゆえ少なからぬ論者は、リベットの実験の結果にもとづいて、《人間は自由な選択主体ではない》と主張する。以下では、すでに言及したウェグナーの考えを取り上げながら、このタイプの議論を確認しよう。

ダニエル・ウェグナーはアメリカの社会心理学者であり、人間の自己コントロールにかんする研究を幅広く行なっている。二〇〇二年に公刊された一般向けの著作『意識的な意志という錯覚』[13]において彼は、いろいろな経験的事例を踏まえながら、いかにして人間が《自分は自由な行為主体だ》という幻想を仮構するのかを論じる。そこでのキーワードは「見せかけの心的因果」であるが、ウェグナーはこの概念を用いてリベットの実験から「分かりやすい」理論を組み立てようとする。

リベットの実験で明らかになったのは《はじめに脳内のＲＰが起動し、その後で「よし、動かすぞ！」という意識的意志が生じ、最後に身体運動が始まる》という時間順序である。ではここにどんな因果関係が成り立っているだろうか。ウェグナーの見立てでは、第一に、ＲＰにかかわる神経活動が意識的意志と身体運動の両方の原因になっている。加えて、第

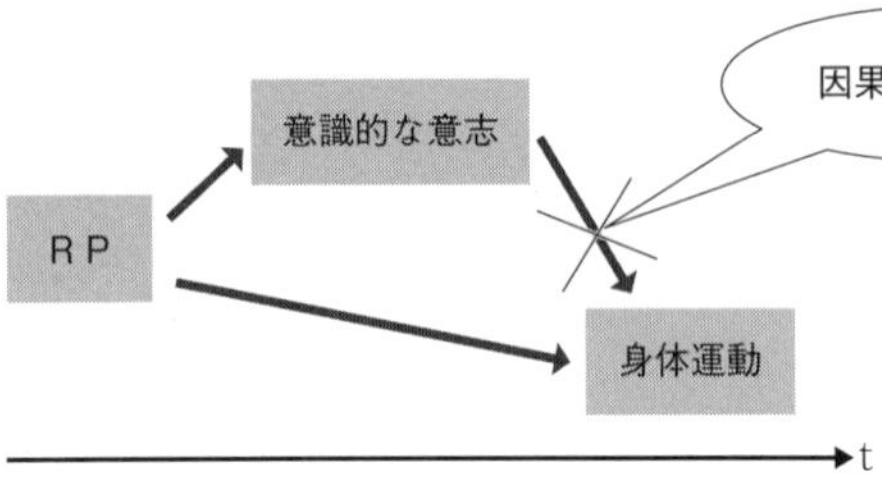

二に、意識的意志と身体運動のあいだには因果関係はない。図にすると次だ（黒矢印は因果関係を表わす）。

この捉え方は（例えば拒否意志の存在を認めるリベットの立場と並べれば）比較的単純であって分かりやすい。この分析にかんして押さえるべきは、私たちの心のうちで生じる「よし、動かすぞ！」という意識経験は無意識的な神経過程の結果に過ぎず、それ自体は何かを引き起こすものではない、という点だ。これは、煎じ詰めれば、《身体運動は私たちが意識的に選択する自由な行為でない》ということを意味する。一般に《心の働きが身体運動を引き起こす》という事態は「心的因果」と呼ばれるが、ウェグナーの見方は心的因果の存在を否定する。彼によれば、私たちは心的因果の主体ではない。

とはいえ――ここで気になる点だが――それでは《自分で行動を選んでいる》という私たちの実感はどこから来るのか。例えば私がいま手をあげるとする。このとき私はどうしても自分の心の働きが手をあげることを決めたように感じる。とはいえ、ウェグナーの分析によれば、私の意志は〈手をあげること〉の原因ではない（むしろ真相は、私の脳内の無意識的なプロセスが勝手に腕の上昇運動を引き起こしている、というものだ）。こうなると次が問われぬわけにはいかない。はたして私たちは手をあげるたびに自分の心的因果を体験するが、この経験はどこから来たのか。

ウェグナーの答えは、その経験は一種の「でっちあげ」だ、というものである。じつに私たちは一定の身体行動を「自分の選んだ行為」と見なす傾向をもつ。ウェグナーは多くの経験的探究へ言及してこの見方の肉づけをするが、挙げられるひとつは認知神経科学で行なわれる「分離脳」の研究である(14)。

てんかんを患うひとはときに有害な脳活動を抑制するために脳梁《のうりょう》を切断する手術を受ける。オペの結果、右脳と左脳はそれまでのコネクションのいくつかを失うが、この状態の脳が「分離脳」と呼ばれる。さて——よく知られているように——大半のひとびとにおいて言語活動は左脳の優位のもとで行なわれる。ここで「JW」と呼ばれる分離脳の患者の左視野（右脳とつながる）に"laugh"という単語を提示した。するとこのひとは笑った（たしかに唐突に"laugh"などと提示されれば笑ってしまうかもしれない）。そこでJWに「なぜ笑ったのか」と尋ねた。患者は「"laugh"と提示されたからだ」とは言わなかった。なぜなら、それが提示されたのは右脳の領域であるが、言語を司る左脳はこの情報にアクセスできないからである。むしろＪＷは「あなた方がしょっちゅうやって来てテストをするから笑ったのだ」と答えた。ここでは《医師たちの行動を自分はおかしく思い、その結果として笑ったのだ》と因果が仮構されている。

ウェグナーはこの報告を《私たちは因果関係をでっちあげる傾向をもつ》という事態の一例と捉える。例えばＪＷの身体は笑うという仕方で動いたが、この患者はその動作を「自分の行為」と見なすために何でもいいから理由をでっちあげた。というのも、何かしらの理由を設けることで、《私の心の状態が原因となって身体行動が生じた》というストーリーを自らも信じることができるからである。ウェグナーはこれを一般化する。私たちは一定の身体行動を「自分のもの」と見なす心理的傾向を具えている。そして、私たちが自分の心的因果を認めるケースのすべてで、この傾向性による「でっちあげ」が行なわれている。本当のところは――これはリベットの実験のウェグナーの解釈だが――身体運動は無意識的な神経活動の結果に過ぎない。これが「自分の行為」と見なされるのは、無意識の傾向性の働きのおかげである。そしてそのさいに「見せかけの心的因果」が仮構されるのである。
以上がウェグナーの理論だ――これを彼自身は「見せかけの心的因果の理論（theory of apparent mental causation）」と呼ぶ[15]。この説によると、行為にさいして私たちが《それは自分のしたことだ》と考えることは、傾向性の無意識の作用による〈見せかけの心的因果のでっちあげ〉のためである。そして意識的な意志は、じっさいには、身体運動へ実質的な影響をもたない「随伴現象」である。あるいはウェグナーは「意志の感じ（sense of will）」などと言ったりもする[16]。じっさい、彼の見方においては、意志は「感じ」に過ぎない。

7 責任も錯覚の一種になる？

《ウェグナーの理論は正しいか》も本章の関心を超える。とはいえ繰り返し述べるように、彼の理論は「分かりやすい」ものだ、という点は確言できる。なぜなら、ウェグナーの理論には、「意識的拒否」のような原因不明の何かは現れないからだ（むしろ心の働きはどれも無意識の神経プロセスを原因とすると見なされている）。リベットは、自身の実験結果を受けて、批判を呼びうる工夫を凝らして自由な選択の存在を守ろうとした。とはいえウェグナーの道行きのほうがシンプルなのではないか。すなわち、《まずRPが生じて、その後で意識的意志が現れ、最後に筋運動が始動する》という実験結果を認めるならば、このときには《RPが原因となって身体運動が起こる》と解するほうが「分かりやすい」のではないか。そして、意識的意志はたんなる「感じ」に過ぎず、そのさいに経験される心的因果はでっちあげられたものだ、と考えるほうが明快なのではないか。

とはいえ——本章の最終的な指摘であるが——リベットの実験からウェグナーの道へ進むとき〈責任〉や〈応報〉をめぐる問題が生じるのである。そのロジックはすでに明らかだが、念のため確認しよう。

前章で説明されたように、責任は自由な選択を前提する。それゆえ、ウェグナーの理論を認める場合、私たちは自分の行為に責任を負う主体ではなくなる。なぜなら、その理論によれば、一切の行為（すなわちあるタイプの身体運動のすべて）は自己のコントロールを超えた無意識的プロセスの結果に過ぎないからである。

ウェグナー自身は彼の理論の実践的なインパクトをあまり大きく見積もっていないが、それでも彼は自分の理論から《責任も錯覚の一種になる》という帰結が導かれることを認める。[17] そしてウェグナー自身がどう感じているかにかかわらず、彼の理論は自然な理路で〈責任〉の根拠を掘り崩し、〈応報〉の理屈が成り立たない地平を拓く。じっさいその理論のもとでは誰も自分の行為に責任を有さず、「犯人である者／犯人でない者」の区別が消滅する。言ってみれば、一切のひとが、自分で自分をコントロールしていないXと同様の状態にある、ということだ（違いがあるとすればここにはZのような操作者がおらず、一切がただ無主体的に生じる点であろう）。こうした議論をじっさいに提示する論者としては、例えば神経科学者のデイヴィッド・イーグルマンなどが挙げられる。[18]

以上のように、《人間は自由な選択主体でない》とするウェグナーの立場からは、《人間は自分の行為に責任を負うことができない》という命題が帰結する。その結果、「犯人である者／犯人でない者」の区別が消滅し、ひとを応報の意味で罰することはナンセンスになる。言い換えれば、ウェグナーの見方においては、人間は〈応報〉の概念が適用可能な存在ではなく、ひとへ応報的な罰を科すことは意味をなさない。応報的な罰の有意味性が否定される、ということだ。

だがこれはじっさいにそうなのか——これが応報をめぐる問題である。私たちの社会ではじっさいに応報の意味の罰が行なわれていると思われるが、前段落の理路が正しければ、そうした実践はすべてナンセンスであることになる。これは本当にそうなのか。この問いへ何かしらしっくりいく答えを与えることが本書全体の目標である。

本章で言われたことをまとめたい。

リベットの実験は《はじめにRP、次に意識的意図、最後に筋運動》という時間順序を明らかにした。これはエックルスの主張を否定的に検証するという成果をもたらしたが、同時に人間の自由をめぐる問題を引き起こした。リベットは「ひねり」のある理論で自由の存在を擁護したが、それにたいしては批判がある。そしてリベットの実験の結果にかんしてはウェグナーのほうが「分かりやすい」見方を提示している。それは「見せかけの心的因果の理論」だ。とはいえこの理論を認めるさいには、人間の自由は「錯覚」としてその実在を否定される。ここから、お馴染みのロジックを通じて、責任と応報をめぐる問題が生じる。

本章では〈神経科学の議論から責任と応報をめぐる問題へ〉という理路が辿られたが、じつを言えば、〈責任〉の概念への批判は社会心理学においてよりストレートに展開されている。次章ではこの話題にかんして積極的に著作を公刊している一人の日本人の社会心理学者の議論を取り上げ、責任と応報をめぐる問題の理解を深めたい。

　ところで本章で見られたような神経科学の議論は刑罰の実践へ何かしら影響を及ぼしているのか。この点は気になるひとも多いだろうからコラムで取り上げたい。

コラム

神経科学と刑事司法

神経科学と刑事司法の関わりについて少し紹介しておきたい。

クリストファー・シモンズという未成年が起こした殺人事件がある。(1) 一九九三年九月九日、一七歳のシモンズは、同じく未成年の仲間と連れ立って、シャーリー・アン・クルックの家に押し入った。そして彼女を縛り上げ、車に乗せ、近隣の森の川に突き落として殺した。シモンズは、事件前、友人に「誰かから金品を奪い、縛り上げて橋の上から落としてやる」とたびたび話しており、また「自分は未成年だからお咎めなしだ」と自信たっぷりに語っていた。逮捕後、裁判では死刑か否かが争われた。

裁判では――本書の関心を惹く出来事だが――神経科学の知見が取り上げられた。すなわちシモンズの弁護団は、神経科学のデータを引き合いに出して《ティーンエイジャーの脳が生物学的に未成熟である》という点を強調した（じっさい脳の成長は二十代まで続く）。そして弁護団は、青少年犯罪者を死刑に処すことについて、《それは神経の解剖学的構造の未熟さの責任を彼らに負わせることに等しい》と主張した。はたして判決はいかに？

二〇〇五年三月、合衆国最高裁判所が五対四で未成年者への死刑執行を認めないことを決定し、シモンズの終身刑が確定した。ひとつの解釈では次のように言える。すなわち、神経科学のデータが力を発揮して、シモンズは責任を一等減ぜられた、と。

精神科医のサリー・サテルと心理学者のスコット・リリエンフェルドによると二〇〇五年から二〇〇九年のあいだにアメリカで「神経科学的証拠」あるいは「行動遺伝学的証拠」が提出された刑事裁判の数は倍増したらしい(2)。日本ではいまのところこうした状況は生じていないが、アメリカでの〈刑事裁判における神経科学の知見の効力〉の強さがうかがえる。

サテルとリリエンフェルドは刑事司法の新たな局面を次のような仕方でビビッドに描き出す。

サンディエゴに本拠を置く刑事専門の弁護士クリストファー・プラードは、殺人事件の裁判で初めてPETスキャン画像を証拠として使ったとき、その説得力に舌を巻いた。「りっぱなカラー画像があって、それを引き伸ばせば、医学の専門家がそれを指し示しながら説明できるのだから(3)」［…］。

とりわけ脳の状態を映し出す画像の視覚的効果は強力であるようだ。じっさい、例えば暴力犯罪者の脳のX線画像のうちに巨大な異物（腫瘍）が見えたりする場合には、その圧倒的リアリティに促されて《問題の暴力行為は前頭葉を圧迫する腫瘍のせいだ》と考えてしまうことは自然である。弁護団も――良いか悪いかは別として――こうした効果を狙ったうえで法廷に脳画像を持ち出す。かくして「今や、死刑がかかわる裁判の弁護では、脳に依拠した証言が取り入れられるのはごく一般的なのだ」と言われるほどになっている(4)。《いったいどのくらい刑事裁判で神経科学の知見は活用されるべきか》は興味深い問題であるが、本書の守備範囲を超える。ここでは——この本全体の主張とかかわるが——、たとえ一定の脳画像が犯罪者の責任を減免する強い効果を有するとしても、こうした事実は責任の哲学的探究へそこまでインパクトを及ぼすものではない、と指摘しておきたい。じっさいそうした事実は例えば《そもそも人間は自分の行為に責任を負いうるか》という哲学の問いへの答えを左右しない。例えば、法廷で脳画像が持ち出されるとき、それを使用することを決めた弁護士はそれにかんして責任を負うだろう。また、脳腫瘍を患う犯罪者の責任が免ぜられる場合にも、そうした減免の判断は陪審員および裁判官が責任をもって行なわねばならない。要するに、容疑者の責任を否定するさいにも《誰かが何かに責任を負う》という関係は依然として成り立っている、ということである。

けっきょく、脳画像にどれほどの免責効果があるとしても、刑事司法の場には多くの責任主体がいる。かくして、責任の哲学の原理的問題に取り組むさいに〈刑事司法と神経科学の関わり〉の重要性をそれほど多く見積もる必要はない、と言える。ただし——この点も気を配る必要があるが——実践的なレベルでの《刑事司法の場でどのくらい神経科学に頼るべきか》という問いは今後ますます複雑になるだろう。この種の問題についてはさまざまな角度から考察される必要がある。

第六章　責任虚構論

1　社会心理学からの責任批判

ここまでの話の流れを振り返っておこう。

第Ⅰ部は「刑罰」を主題とし、この制度が〈抑止〉や〈追放〉などの多様な意味をもつ点を確認した。第Ⅱ部はこうした罰のさまざまな意味のうちのひとつ、〈応報〉に焦点を絞り、《応報的罰は有意味に行なわれうるのか》を問う。応報をめぐる問題を提起すること――これが第Ⅱ部全体の目標である。

第Ⅱ部のはじめの章（第四章）では、応報をめぐる問題を生み出す一般的なロジックが確認された。そこで指摘された最も重要な事柄は《責任および応報は自由な選択を前提する》という連関だ。かくして自由な選択の存在が否定されれば、誰も自分の行為に責任を負うことができず、応報の理屈は無意味になる。前章（第五章）では神経科学にもとづく議論、すなわち、リベットの実験から自由な選択の存在を否定し、これでもって責任と応報の根拠を疑うという議論を確認した。それを踏まえて本章では、社会心理学の知見にもとづく「責任批判論」を見る。取り上げるのは小坂井敏晶である。

小坂井敏晶――このひとはフランスの大学（パリ第八大学）で教鞭をとった心理学者であり、社会の近代化にまつわるさまざまな問題を研究の対象とする。彼の著作のうちで本書の話題に最も密接にかかわるのは『責任という虚構』[1]である。この本は「責任」という社会現象の本質を明らかにし、その虚構性を暴くことを目指す。本章ではこの本の議論に即して小坂井の責任批判論を追いたい。

本論へ進む前に、小坂井の議論への本書のスタンスを明記しておこう。

彼の『責任という虚構』には多くの真理が含まれている。じっさい《自由はありえず、責任は実在しない》という彼の指摘はある意味で正しい。それゆえ彼の主張の正しさを得心することは、責任や罰を考えるうえで不可欠のステップである。小坂井の議論にたいして素朴に「いや、私たちが自由な選択主体であり、自分の行為に責任を負うのは当たり前だ」と反論することは却って重要な事柄を看過することにつながる。

とはいえ彼の主張――すなわち、自由はありえず、責任は実在しない、という主張――は決して最終的な見解ではありえない。言い換えればそれは「そこで話を終わらせてはならない」主張である。じっさい、彼のような見方を提示するときには、もう一言二言なにかを付け加える必要がある。なぜなら、第Ⅲ部で指摘するように、《私たちは自由でなく、自分の行為に責任を負わない》という主張は無視できない矛盾を内含するからだ。そして、この矛盾を露わにせぬうちは、決して話は終わらない。かくして私は小坂井を次の点で批判する。すなわち、終えるべきでない地点で話を終えている、と。

それゆえ本書は小坂井の見方を超えて行くことを目指す。本章では『責任という虚構』の議論の重要な箇所を抽出するよう努めるが、この作業が第Ⅲ部で行なわれる批判の準備でもある点は留意されたい。私もときに《自由は存在せず、責任は虚構だ》と考える。だがそのうえで、さらに言うべきことがあるとも考えているのである。

本章の議論は以下の順序で進む。はじめに『責任という虚構』がどのような本なのかを概観する（第2節）。その後で同書の個別的な内容の確認に進む――すなわち、社会心理学の実験から引き出される〈人間の無責任性〉の示唆（第3節）、「原因」をキーコンセプトとして〈自由な選択の不在〉を主張する議論（第4節）、フランスの社会学者フォーコネの見方に即した刑罰論（第5節）などを順に見ていく。そして最後に《責任は虚構だ》という小坂井の主張の主旨を押さえる（第6節と第7節）。

2　小坂井敏晶『責任という虚構』について

『責任という虚構』は何を目指す書物なのか——はじめにこの点を押さえよう。

同書の究極的な目標は「責任は社会的に生み出される虚構だ[2]」と主張することである。ここでの「虚構」とは「実在」の対義語であり、それゆえ同書の主張は《責任は実在しない》という命題を含む。そして、小坂井によると、この責任という虚構は社会によって生み出される。すなわち、社会は秩序の維持のために「責任」なるものを生み出し、加えて社会はその効果を最大化するために《責任は虚構だ》という事実を隠蔽する。なぜなら、責任がリアルな存在だと社会的に認知されている場合にこそ、刑罰などによる秩序維持効果は最大化されるからである。かくして小坂井の作品は次の意図を有する。それはすなわち〈社会が積極的に隠蔽しようとする真理を暴露する〉という意図だ。

ではこの目標へどのようなルートで向かうのか。次に『責任という虚構』の責任論[3]の構成を確認しよう。

小坂井は《責任は社会的に生み出される虚構だ》と主張する途上でさまざまな科学の知見に訴える。そこで取り上げられる科学には前章で見た神経科学も含まれるが、とりわけ重要なのは社会心理学だ。具体的には――次節で見るが――ミルグラムのいわゆる「服従実験」を踏まえ人間の責任の脆弱さを確かめる。そしてこうした科学的知見にもとづく〈人間の主体性への疑い〉をとっかかりとして、議論は社会哲学へ向かう。『責任という虚構』の後半の議論は（科学的というよりも）哲学的なものだが、そこでは「因果」の概念への反省を通して《責任は実在しない》と主張される。そのうえで、「責任」は社会秩序の維持のために仮構される、と述べられるのである。

以上が『責任という虚構』の責任論の大枠だ。したがって本章は、はじめに社会心理学の諸実験に訴える小坂井の議論を追い、そのあとで彼の社会哲学的な考察を見る。

とはいえその前に、本節の残りの部分で――これも重要な作業なのだが――彼の探求の根本方針を明確化しておきたい。その根本方針とは〈客観的説明に徹する〉ということだ。じつに小坂井は自身の本について「本書は規範論ではない」と述べ、次のように言う。

責任をどう取るべきかという議論はしない。実際に人間はどう行動するのか、責任と呼ばれる社会現象は何を意味するのか、これが本書の課題である。(4)

押さえるべきは、責任には二種類の論じ方がある、という点だ。すなわち一方で「責任をどう取るべきか」などを論じる規範論があり、ここには「べき」への関心が属す。他方で「べき」への関心を排した論じ方が存在し、それはただ《物事がどうあるか》を客観的に説明する。規範論は――小坂井の捉え方によれば――《この世はどうあるべきか》などの関心のもとで、ときに事実に反してでも《……であるべき》と主張する。それに対してこの社会心理学者は「本書は規範論を避け」て、客観的説明に専念すると宣言する。(5) 純粋に《事実がどうであるか》だけを論じて《どうすべきか》などは語らない、ということである。

――これが小坂井の根本的な方針である。なぜこの点を明確化したのかと言えば、このあたりの話が後で彼の責任論を批判するさいに重要になるからだ。小坂井が《自分は「べき」を論じない》と考える点は心の片隅に置いておかれたい。

3 ミルグラム実験——人間の責任の脆弱さ

では——『責任という虚構』を読む第一のステップとして——社会心理学の実験に訴える小坂井の議論を追っていこう。そこで最終的に指摘されるのは、すでに予告したことだが、人間の責任の脆弱さである。

ではアメリカの社会心理学者スタンレー・ミルグラムの実験について。(6) これは《いわゆる「ふつうの」ひとは邪悪な命令に服従するのか》を確かめることを目指す実験である。それは以下のように行なわれた。

実験にはふたりの人間を要する。一方は「先生」の役を、そして他方は「生徒」の役を務める。生徒役は暗記テストを課せられる。そして——これが先生役への命令だが——生徒役が誤った解答をすれば、そのたびに先生役は罰として電気ショックを与えねばならない。生徒役は電気椅子に固定される（逃げ出すことはできない）。電気ショックを送る装置には三〇個のボタンがついており、一番強いボタンは四五〇ボルトの電圧でショックを与えるものだ——とされている。

ミルグラムは広告を通じてさまざまなタイプの市民から被験者を集めた。募集の言葉としては「学習と記憶に関する実験」と書き、《真の実験が何か》は伏せられた。各々の被験者は、別の「被験者」とされる人物（これは実はサクラである）とペアで実験に参加する。どちらが先生役で、どちらが生徒役かはくじ引きで決められる（このくじには仕掛けがあり、被験者が必ず先生役になるよう仕組まれている）。先生役の被験者は、生徒役のサクラが暗記テストを間違えるたびに、ボタンを押して彼あるいは彼女へ電気ショックを与える。サクラは悶える（これは演技であり、じっさいには電気は流れていない）。先生役は、ひとつの間違いにつき、一五ボルトずつ電圧をあげよとも命令されている。それゆえ、実験の進行につれて、生徒役のリアクションは激しくなる（例えば一五〇ボルトくらいで「助けてくれ」と叫ぶ）。はたして被験者はこうした残酷な命令に従うのか。あるいは、いったん従うとしても、苦しむ生徒役を見ながら命令に従い続けられるのか。あるいは自分の責任を自覚し、自分の判断で命令に従うのを拒否するか。

結果は以下の通り。

ミルグラムの実験は約一〇〇〇人の被験者に及んだ。基本設定として一回四〇人のグループを作り、そのつど条件を変えながら実験した。結果として四〇人中二六人が、苦しむ生徒役を見ながらであっても、電圧を四五〇ボルトまであげた。すなわち約六五パーセントが、実験者が終了を決めるまで残酷な命令に従い続けた、ということだ。
この結果は私たちにとって重要な意味で「意外だ」と言える。なぜなら——小坂井が紹介するデータだが——ミルグラムの実験内容を詳しく教えたうえで「どの電圧まで命令に従い続けられるか」と尋ねたりすれば、大半のひとは一五〇ボルト（すなわち「助けてくれ」と叫び声が出る電圧）が限界だとするからだ。[7] 事実として多くのひとは《これほど残酷な命令に従うことはできない》と考えている。だがミルグラムの実験は追試もされている。しかも場合によっては七割や九割などの高い服従率が示された。[8]
見逃してはならないのは、ミルグラムは被験者を広い社会層から募った、という点だ。じっさい（追試も含めれば）職業、年齢、性別など、さしたる偏りなしに被験者が集められている。そしてどの場合にもおよそ三分の二以上が残酷な命令に服従するという結果が得られている。これは、「ふつうの」ひとびとは邪悪な命令に従いうる、ということを意味するかもしれない。だがなぜか。どうしてとくに異常性を具えないひとが残酷な命令に従えるのか。ひとつの説明は「状況」である。具体的には、「学習と記憶に関する実験」を行なうという公式の場で監督者から命令が出された、という状況がひとを容易に残酷な命令に従わせしめる、ということだ。

小坂井自身も「状況」という点に着目する。曰く、

このように異常でも何でもない普通の人々のほとんどが見ず知らずの人を拷問にかけた。現実感が乏しく、生徒役が本当に苦しんでいると被験者が信じなかったために高い服従率が得られたのでもない。後ほど再確認するように被験者の多くは心理的苦痛を忍びながら拷問したのであり、十分な現実感があった。想像以上に人間は状況に強く影響されるのである。(9)

ここでは《ひとの行動は状況に左右される》と指摘されている。すなわち、ひとは自分の意志で行為を選んでいるというよりも、状況を原因として一定の行動が生じている、ということだ。小坂井はこの指摘を重視するが、それはこの指摘によって近代社会の人間像、すなわち〈自由な選択主体としての人間〉という人間像が揺るがされるからである。『責任という虚構』の著者によれば――この点がこの後も掘り下げられるが――人間は自由な選択主体ではなく、自己の行為に責任を負いうる主体でもない。

4　原因と結果の連鎖

以上のように社会心理学の実験には《人間は自分で行為を選んでいるのではない》や《人間の行動は状況の結果だ》などを示唆するものがある。かかる実験は「ではそもそも人間は自由な選択主体でありうるのか」という原理的な問いを招来する。小坂井もこの問いに取り組むが、そのあたりから議論は哲学的な次元へ進む。彼は、理屈でもって、《自由な選択はありえない》と主張する。

キーワードは「原因」や「因果」である。人間の行動を因果の観点から眺めれば《自由な選択はありえない》ということが気づかれる。どういうことか。

XがYを殴った、というケースをあらためて考えよう。ここで《Xは自分の自由な選択を通じてYを殴った》と仮定しよう。とはいえ——これが核心的な問いだが——この自由な選択はどこから来たのか。人間が自然界の一部であり、物質の因果の網目に属すのであれば、この自由な選択にも何か原因がなければならない。だが、そうした原因があるならば、XがYを殴ったことは自由な選択によるものでなくなる。むしろそこには《一定の出来事が原因となり、そこから結果として別の出来事が生じる》という連鎖しかない。より詳しく言えば、はじめに何かしらの原因が与えられ、それによってXの心理状態が定まり、この状態からXの身体運動（腕の動き）が結果する、という因果連鎖である。ここにあるのは一種の「ドミノ倒し」だ。一般的に言えば、AはBを原因とするが、このBはCを原因とし、このCはさらにDを……という原因‐結果のえんえんと続く連なりのうちにはそもそも「主体的な選択」や「自分で決める」ということがない。それゆえ、人間が自然の因果の網目のうちの存在である以上、人間に自由な選択はありえない。

以上が原因や因果の概念に訴える自由否定論のマスターアーギュメントである。念のため注意すれば、本書は後にこの議論を乗り越えていく。とはいえここでみなさんが行なうべきはたったいま提示した議論の「正しさ」をつかむことである。じつに前段落の議論はひとつの一貫した世界観を拓く。その世界の見方においては、一切は原因と結果の「ドミノ倒し」のもとで生じ、人間が自分の力で何かを決めるとか自由な意志で何かを選ぶとかは無い（人間の行動はどれも何らかの原因の結果であり、この原因も別の原因から生じており……と無限に遡行する）。この見方は可能だ。加えてこうした仕方で世界を眺めることは――少なくともいったんは――みなさんも行なえるようになるべきだ。『責任という虚構』

の著者もいろいろな角度から《自由な選択は存在せず一切はただ生じるだけ》という展望を私たちに見させようとする。
例えば小坂井は次のように論じる。

自由な判断や行為と呼ばれるものは、人格の奥底から出てきたと感知される判断や行為だ。つまり各個人の属性によって強く規定されている。ところで人格や個性と呼ばれる各人の属性は遺伝や家庭教育などにより形成される。したがって決定論と自由は矛盾するどころか、自由と感じられる判断や行為ほど実は決定論的現象である。(10)

ここでは、自分にとって「自由」と感じられる個性的な行動はじつのところ自分にコントロールできない遺伝や家庭教育の結果として生じている、と指摘されている。いったんこうした観点から自己を眺めれば、自分のどの行動も遺伝や環境の結果であらざるをえない。なぜなら、自分の行動を引き起こす原因の連鎖を遡れば、自分を内からデザインする遺伝子のパターンか、自分の外からインプットされた環境要因かのいずれかに辿り着くからである。たとえ人生の途中で何かを自分の意志だけで選択したと思われたとしても、やはりそれは何かしらの原因の結果であらざるをえない。そしてこの原因を生み出したものを遡ると、けっきょくは遺伝あるいは環境に到達するのである。前節の実験で《人間の行動は状況の産物だ》と示唆されたが、この事態はたったいま指摘された一般的な事実に属す一例である。

したがって自由な選択はありえない。とはいえ——話を進めると——責任が自由な選択を前提する以上、たったいま提示された議論は《人間は自分の行為に責任を負えない》という結論を導く。人間の行動はすべて自己のコントロールを超えた原因のために生じており、「彼女のせいだ」や「彼の責任だ」と言える事柄はない。かくして責任は実在しない。そして、責任が実在しない以上、応報としての刑罰を行なうことも不可能になる。

だがこうなると次の問いが生じる。すなわち、それでは私たちの社会のうちで「責任」と呼ばれているものは何であるのか、と。自由な選択がありえないものであるにもかかわらず、私たちは互いに責任を帰し合っている。いったいここで何が生じているのか。はたして「責任」と呼ばれる社会現象の本質は何か。

5　責任の正体

『責任という虚構』の終盤は――以上の議論を踏まえて――《責任の正体は何か》という問いに取り組む。そのさいに依拠されるのは社会学者ポール・フォーコネの見方だ。

はじめに刑罰の意味にかんするフォーコネの立場を見てみよう。小坂井曰く、

> そもそも犯罪とは何か。それは共同体に対する侮辱であり反逆である。社会秩序が破られると社会の感情的反応が現れる。したがって民衆の怒りや悲しみを鎮め、社会秩序を回復するために犯罪を破棄しなければならない。しかし犯罪はすでに起きてしまったので、犯罪自体を無に帰すことは不可能だ。そこで犯罪を象徴する対象が選ばれ、このシンボル破棄の儀式を通して共同体の秩序が回復される。[11]

ここで小坂井＝フォーコネは、誰かの行為によって社会秩序が乱れると、ひとびとの怒りなどの感情的反応が現れて、これを鎮める必要性が生じる、とする。より具体的には、

民衆の激しい感情的動揺を抑えるために、犯罪行為を特定の個人に帰し、そのひとに犯罪の責任を負わせ、彼あるいは彼女をいわゆる「スケープゴート」として処罰する(これが引用の「シンボル破棄の儀式」だ)。このように小坂井＝フォーコネによれば、刑罰は〈民衆の感情を鎮める〉および〈それによって社会の秩序を維持する〉という機能をもつ。

さて――話を進めると――小坂井＝フォーコネは《以上のような秩序維持を行なう過程で「責任」が動員される》とする。彼らの立場においては、犯人を特定することは〈犯罪にじっさいに責任のある者を見出すこと〉ではない。むしろ話の順序は逆だ。すなわち、秩序を維持するために、社会は誰かに犯罪の責任を負わせ、そのひとを一種の「身代わり」として処分する。ここでは秩序の維持が目的になっている。そしてこの目的を達成するために(じっさいには誰も自分の行動に責任を負えないにもかかわらず!)特定のひとへ犯罪行為の責任を帰して、刑罰という〈ひとびとの感情を鎮めるための儀式〉を行なうのである。

このように、小坂井＝フォーコネによると、「責任」は社会秩序を維持するための装置の一部である。彼らは「犯人」や「自由な選択」などの概念も同様だとする。小坂井曰く、犯罪者の素質ゆえに犯罪者になるのではない。まるで単なる出来事のように本人の意志をすり抜けて犯罪行為が生ずる。だが、そこに社会は殺意を見いだし、犯人の主体的行為と認定する。自由意志で犯罪を行ったのだと社会秩序維持装置が宣言する。[12]

ここでは、社会は秩序を維持するために特定のひとを「自由な主体」と見なし、彼あるいは彼女を「殺意をもって行動した犯人」と見なす、と言われている。ミルグラムの実験も示唆したように《人間が自由な選択主体であるかどうか》は怪しい。また——原理的に考察すると気づかれるように——人間の行動はどれも当人のコントロールを超えた原因の結果であらざるをえない。たまたま好い原因に恵まれたひとは、その結果、「犯罪」とされる行動をせずに済む。そしてたまたま悪い原因が与えられたひとは、その結果、「犯罪」とされる行動をとる。いずれにせよそこに自由な選択はない。それゆえ、小坂井の見方によると、「殺意をもつ殺人犯」という語が文字通り当てはまるひとはいない。むしろ「犯人」や「殺意」という概念もまた秩序維持のための社会的な仮構なのである。

さて、仮に以上の議論がすべて正しかったとすれば、どうなるだろうか。そこから導き出されることのひとつは《応報の理屈は人間へは適用されない》という命題だ。というのも、仮に人間が自分の行為に責任を負えないのであれば、誰も悪事の真犯人たりえず、〈正義の回復のために犯人へ苦しみを返す〉という理屈も成り立たないからである。かくして小坂井の考えにおいては、たとえ私たちの社会で応報の意味の罰が現に行なわれているとしても（そしてひとびとがそれを有意味と信じるとしても）、じっさいのところ応報的罰はナンセンスであることになる。〈責任〉とともに〈応報〉の概念も適用不能になる、ということである。

6　虚構を通じて社会は存立する

以上のように小坂井は《責任は虚構だ》と主張する。ただし——次に押さえるべき点だが——責任がフィクションであることは、私たちの目には隠蔽される。言い換えれば、私たちの目には、人間は自由な選択主体に見える、ということだ。そのため私たちは、犯罪者（とされるひと）が犯行に責任を負うと信じ、そして《彼あるいは彼女には厳罰がふさわしい》と本気で考える。これによって社会の秩序維持装置はその実効性を高める。

こうした点について小坂井曰く、

責任が問われる時、逮捕者が身代わりだとは知られない。身代わりの事実が露呈すれば、他のシンボルを社会は再び求め、真の責任者だと信じられる存在が罰せられる。社会秩序は恣意性が隠蔽されるおかげで成立する。(13)

すなわち責任を帰したり刑罰を科したりするさいに《そこではじつのところ責任のないひとが責められたり罰せられたりしている》という事実は隠蔽されている。なぜなら、民衆の感情を鎮め秩序を維持するためには、《真犯人が罰せられた》とひとびとが確信せねばならないからだ。かくして――小坂井の見方では――責任はじっさいには虚構だが、この事実を社会は隠す。これによってひとびとは、疑念を抱かずに、刑罰制度に参与できることとなる。そのおかげで、犯罪が引き起こす感情の動揺は、犯人(とされるひと)の処罰という儀式で速やかに鎮まっていく。

小坂井の主張の要点のひとつは「責任は虚構だが、それは同時に決して人為的には除去できない虚構だ」と表現できる。なぜなら、彼によると、この虚構は社会の存立条件の一部をなすとさえ言えるからだ。曰く、人間が作った秩序なのに、それがどの人間に対しても外在的な存在となる。共同体の誰にもそして権力者さえも手の届かない〈外部〉だからこそ、社会制度が安定する。[14]

ここでは、「責任」はある意味で人間が生み出したフィクションだが、それは権力者でさえも除去できないほどに社会に深く根づいた虚構だ、と指摘されている。それはたいへん深く根づいており、(すでに指摘したように)私たちのほとんどがその実在性を疑わないくらいに根づいている。このために私たちは責任をリアルなものと感じ、応報の理屈を妥当なものと信じ続ける。そして――引用で指摘されるように――社会秩序の安定はこうした幻想にもとづいている。

いったんまとめよう。

小坂井によると、第一に、世界を因果の観点から眺めれば《人間が自由に行為を選択することはない》と判明する。それゆえ人間は自分の行為に責任を負いうる主体ではない。とはいえ、犯罪という事件がひとびとの感情を乱して社会の秩序を脅かす以上、それに対して何かしらの措置が必要となる。それゆえ――小坂井の第二の指摘だが――社会は「責任」を仮構し、ひとびとをして《犯人は罪に責任がある》と信ぜしめ、これでもって刑罰を実現する。ただしこの場合の刑罰とは、誰かへ「犯人」の烙印を押し、これをスケープゴートとして処分して民衆の感情的動揺を鎮める儀式以外の何ものでもない。

7 変転する虚構

以上が小坂井の責任論だが、けっきょく彼は何を言いたいのか。この点をはっきりさせることは、彼の考えの正しいところを抽出するうえで重要である。

『責任という虚構』の議論へは次の反論が生じうる。すなわち、同書は責任を「虚構」と見なすにもかかわらず、〈虚構の含まれない真実の世界像の探求〉へ進まず「責任はフィクションだ」と言い立てることに終始している――これは自己矛盾だ、と。この反論はある意味で正当である。なぜなら、何かを「虚構」と見なすとき、それと対比される形で別の何かが「真実」と見なされねばならないからだ（さもなくば「虚構」という語は空回りすることになる）。だが小坂井はこの批判へ十分に応答している。

じつに小坂井は、「人間生活にとって虚構が不可欠ならば、虚構を暴く本書に意義があるのか[15]」と自問し、最終的に「私論を貫く通奏低音は認識論としての相対主義である[16]」と述べる。すなわち小坂井の議論は、究極的には、人間社会の歴史の真実像を〈普遍性を欠いた個別的価値観の変遷〉と捉えることを目指す。曰く、「人間の信ずる価値は時代と社会が作り、また時代と社会が変えていく[17]」。かくして、「真理」という語で不易の普遍的な実在を意味するならば、人間の歴史のうちに真理は顕現しない。むしろそこにはさまざまにモードチェンジする虚構があるに過ぎない。とはいえ——ここが大事だが——以上の指摘は重要な真理を明らかにする。それは、各時代の価値観は変転する虚構の一様態だ、という「第二階の」真理である。この高階の真実へ目を向けること、これが『責任という虚構』のポジティブな仕事である。

押さえるべきは、小坂井は決してたんに何かを「虚構」と言い立てることに終始しているわけではなく、むしろ彼は同時に一定の真実を明らかにしようとしている、という点だ。彼は、先にもふれたが、歴史の真実のあり方を〈普遍性を欠く価値観の変遷〉と見る。真実はこうした全体像に存するのであり、その内部のアイテム（例えば近代の責任中心の価値観など）はすべて「かりそめの」仮構に過ぎない。

かくして小坂井によれば、「責任」や「応報」をめぐる私たちの考え方や刑罰の制度がもつ価値などはすべて、たまたまこの時代に形成された一時の見方に過ぎない。そして次のように論じる。

今でも神を信じる人がいるし、迷信もなくならない。科学者にとって当たり前の知見でも、それを受け入れない人は多い。道徳は宗教の一種だ。虚構の内容は変わる。だが、一つの虚構が消えても、他の虚構が必ず生まれる。(18)

すなわち、時代が変われば、ひょっとすると「責任」や「応報」に重きを置かない価値観が採用されるかもしれない、ということだ。もちろんそれもまた虚構の産物である。このように私たちは変転する虚構のモードチェンジから逃れることはできない。じっさい——引用で示唆されているが——西洋ではかつて「神」が虚構として社会の価値観を形成していた。だが、神が死んだとしても、虚構はなくならなかった(すなわち自由な責任主体という新たな虚構が生まれた)。フィクションを通じて秩序が維持されることで人間社会は存立する。「この事実を直視しよう」というのが小坂井の根本的な提案だと言える。

以上が小坂井の見方であるが、これは応報をめぐる問題を提起するものでもある。彼の見方においては、たしかに「責任」や「応報」は虚構あるいはフィクションとして私たちの社会のうちに場をもつが、じっさいのところは人間へ〈責任〉や〈応報〉の概念は適用されない。小坂井の見方が正しければ、ひとを応報の意味で罰することはじっさいにはナンセンスだが、責任という虚構のおかげで私たちはそれを有意味なものと錯覚するに至っている。それゆえ、現実には責任は存在せず、本当の意味では〈人間を応報の仕方で罰すること〉は可能でない。このように虚構を離れ、世界をその真実相において眺めるとき、《応報の理屈は人間へは適用されない》という事実が明らかになる。

だがこれは本当にそうなのか。「責任は虚構だ」とする小坂井の見方は正しいのか。彼の見方は「結論的な」ものであるのか。《応報的な罰はナンセンスだ》というのは文字通り受け取らざるをえない真理なのか。

——これらの問いにかんしては、少なくとも一言二言、有意義な指摘を行なうことができる。本書の第Ⅲ部はそれを行なうことを目指す。

III

第七章 それでも人間は自由な選択主体である

1 人間の生の一般的枠組み

ここまでの流れを振り返ろう。

第I部では刑罰をテーマとし、「何のために罰するか」をめぐる多元主義が主張された。注目すべきことのひとつは、刑罰のさまざまな意味のうちに〈応報〉が含まれる、という点である。

第II部では応報にかんする問題が提起された。じつに、神経科学や社会心理学の知見にもとづいて、《人間は自分の行為に責任を負えない》と主張する者がいる。この主張が正しい場合には、応報の理屈は人間へ適用できなくなる。だがこれはじっさいにそうなのか。

はたして応報的な罰は本当にナンセンスなのか。

ここから話はどこへ向かうか。結論を先取りすれば以下である。

たしかに第Ⅱ部で紹介された自由否定論や責任虚構論は完全に間違いであるわけではない。むしろ私たちは《自由な選択も責任も存在しない》と考えうる。例えば小坂井の主張には、全体としてよく分かるところがあったではないか。それゆえ《自由な選択も責任も存在しない》という見方には一定の価値がある。とはいえ同時に《私たちはこの見方をとり続けられない》という事実をつかむことも重要である。とりわけ、何かを主張したり何かを考えたりするさいには、私たちは自由な選択のある世界を生きる。したがって必ずや何かしらの意味で「自由な選択は存在し、私たちは自分の行為に責任を負う」と言えるのである。

第Ⅲ部（第七章から第九章）はいま述べたことを詳しく説明する。それでもって、〈応報〉の概念は私たちの生活のうちにしかるべき居場所をもつ、ということが確認できるだろう。要するに第Ⅲ部で示されることは次である。第一に、自由な選択の存在は決して完全には否定されない。第二に、私たちは（少なくとも何かしらのレベルで）自分の行為に責任を負う。第三に、「応報的な罰はナンセンスだ」とは言い切れない。言ってみれば、〈自由〉や〈責任〉や〈応報〉などの諸概念が守られる、ということだ。

第Ⅲ部の議論を統一するキーワードは「人間の生の一般的枠組み」である。これは有名な哲学者ウィトゲンシュタインの「生活形式」という語と通ずるものであり、第Ⅲ部はこの概念を軸にして〈自由〉・〈責任〉・〈応報〉などの概念を守る。そこでは《これらは人間の生の一般的なフレームワークの一部である》と指摘されるだろう。読者のみなさんにおかれては、この命題の意味をつかむことを第一の目標とされたい。

本章は〈自由な選択〉を主要な対象とする。第Ⅱ部で神経科学や社会心理学の知見にもとづく自由否定論が取り上げられたが、それが見逃している事柄を指摘することを目指す。結果として次が確認される。すなわち、「人間に自由な選択は無い」という言明は自己矛盾なしに述べられない、と。ここから小坂井敏晶やウェグナーの自由否定論に無視できない矛盾が含まれることが分かる。最終的に、自由否定論は決して「独り勝ち」の状態にはならない、という事実が判明する。

本章の議論は以下の順序で進む。はじめに――あらためてスタートラインに立ち――〈罰すること〉および〈責めること〉にかんする基本的な事柄を押さえ（第2節）、それを踏まえて第Ⅱ部で提示された問題の射程の広さを理解する（第3節）。次に、この問題と私自身のかかわりを記述し（第4節）、それをヒントとして《自由否定論は矛盾なしに主張できない》という点を確認する（第5節と第6節）。最後にここから《自由や選択は人間の生の根本的な枠組みに属す》という事実を確認する（第7節）。

2　罰すること、責めること

ではいったん出発点に帰って〈責めること〉および〈罰すること〉にかんする大事な事柄を押さえよう。

第Ⅰ部では「刑罰」という制度的な罰が主題とされた。そして、第Ⅱ部以降では応報の意味の罰が問題になっているが、ここでの「罰」はある意味でより一般的なものだ。すなわち第Ⅱ部以降では、刑罰という特定の制度だけでなく、罰一般が問題になっているのである。

いまや応報的な罰のすべてが俎上にのせられている――この点を押さえることは重要である。じっさい、もし（第Ⅱ部で論じられたように）自由な選択がなく、人間が自分の行為に責任を負えないのであれば、応報刑という制度だけでなく、応報の意味で罰することとすべてがナンセンスになる。要点を繰り返せば、ここでは刑罰のみならず、罰すること一般が問題になっている、ということ。だがここで掘り下げておくべき点がある。いったい刑罰以外の罰とはどのようなものか。

私たち自身の生活を省みれば、《刑罰以外の罰はしばしば行なわれている》という事実に気づく。単純なケースでは、正しくないことを行なったひとを、組織が自宅謹慎処分にするなどがそれだ。あるいはいまや過去の因習とすべきことだが、ケンカをした生徒を廊下に立たせたり、ひどいいたずらをした子どもの夕食を抜きにしたりなども、制度化されない罰の事例である。また、適切かどうかはケース・バイ・ケースだが、大人のグループでも無礼な人間が「追放」されたり、裏切り者が報復として「縁切り」されたりする——これも広い意味で罰と見なされうる。じつに、ひとの集まりがあれば、おのずと〈誰かを罰する〉という可能性が生じる。法をつくり刑罰を定めるということがなくても罰はありうる、ということである。

こうした〈罰すること〉と地続きの事柄として〈責めること〉が挙げられる。これは、形式的には、不正を犯したひとにたいして「あなたはしてはいけないことをした」と非難することである。こうした〈責めること〉の意味はいろいろな角度から論じられうるが、ここで押さえたい点は次だ。すなわち、〈責めること〉は〈罰すること〉と同様に〈自由〉や〈選択〉や〈主体〉の概念を前提する、と。敷衍すれば以下である。

XがYを殴ってケガをさせた、という事例をいまいちど考察しよう。この場合、YがXにたいして「あなたはしてはいけないことをした」と非難する、というのは自然な流れである。ちなみに〈責めること〉の資格は必ずしも被害者に限られず、第三者のWがXに「あなたはすべきでないことをした」と責めることもありうる。いずれにせよ――ここで説明したい事柄だが――こうした〈責めること〉が意味をもつのは、Xが自由な選択主体である場合に限られる。

例えば(すでに見たケースだが)じつのところXがZに遠隔操作されていたとしよう。すなわち、事件の最中、Xは完全に無意識状態であり、このひとの身体をZがコントロールしてYにケガをさせた、とする。この場合、Xを責めることは意味をもたない。なぜなら、Xは自由な選択主体ではなく、それゆえ問題の行為に責任を負わないからである(むしろ、Yのケガに責任を負うのはZであり、このひとこそ責められるべきだ)。このように〈責めること〉が意味をもつ対象は、〈自由〉・〈選択〉・〈主体〉などの概念が当てはまるひとに限られる。

同じことが――詳しい説明は不要だろうが――〈罰すること〉一般についても成り立つ。例えば、ZがXを遠隔操作していた場合には、会社が〈Yを殴ったこと〉の罰としてXを自宅謹慎にすることは意味をもたない(1)。いや、正確に言えば、《少なくとも応報の意味の罰としてはナンセンスである》ということだ。なぜなら、この場合にはXは「やっていない」のであり、やっていないひとを報いとして処罰することは無意味だからである。

以上のように〈責めること〉や、応報の意味で〈罰すること〉は、主体の自由な選択を前提する。ここから第Ⅱ部で見た責任否定論の射程が思いのほか広範であることが判明する。じっさい、リベットやミルグラムの実験から《人間は自由な選択主体でない》という命題が引き出されるならば、この場合、誰も自分の行為に責任を負えず、その結果、応報刑という制度が無意味になるにとどまらず、ひとを応報的に罰することや責めることが総じて無意味になる。かくして次のように言える。第Ⅱ部で提示された問題は、〈罰すること〉一般および〈責めること〉の有意味性にもかかわる、と。すなわちそこで問われていることは次だ。はたして(刑罰という制度に限らず)そもそも私たちが実生活においてひとを罰したり責めたりすることはすべて無意味なのではないか。

ちなみに――以下を読むうえで大事な注意点だが――ここから先は、煩雑さを避けるため、「応報の意味で罰すること」をたんに「罰すること」と書く。換言すれば、以下で論じられる罰はすべて応報的な罰だ、ということである。

3　罰することがすべて無意味になる世界

前節で指摘されたこと――すなわち、第Ⅱ部で提起された問題は、刑罰という制度だけでなく、私たちが実生活で行なう罰や責めのすべてについて「それはナンセンスではないか」と問うものだ、ということ――はたいへん重要である。だがどういう意味で重要なのか。以下、説明しよう。

第Ⅱ部の問題は責めおよび罰一般にかかわる、と言われた。この場合――ここをつかむことが肝要だが――それは私たちに直接かかわることになる。なぜならそこでは、たんに個別の制度の有意味性だけでなく、私たちが自分の生活でじっさいに行なっていることの有意味性が問題になるからである。つまるところ、第Ⅱ部で提起された問題においては、《私たちは無意味なことをしているのではないか》が問われているのだ。

同じ点を別の角度から説明しよう。

例えば、あるグループにおいて、ひとりのメンバーがその集まりの約束を破ったとしよう。この場合、グループは総意として、そのメンバーを追放しようとしたり、あるいは彼または彼女をいったん「つるしあげ」ようとしたりするだろう。また、誰かが悪意をもってあなたの足を踏んだとき、あなたはその人物を責めんとするだろう。このように、事実として、私たちはときに〈罰すること〉や〈責めること〉を行なおうとする。とはいえ——第Ⅱ部で提起された問題だが——もし自由な選択が無ければ、誰も自分の行為に責任を負えないので、罰することや責めることは無意味になる。ここから根本的な問いが生じる。ひょっとすると私たちのやっていることは無意味ではないのか。誰かを責めたり罰したりするとき、私たちはふつうそれを「意味のあること」と考えるが、それはまったく勘違いなのではないか。

このように第Ⅱ部で提起された問題はその射程範囲が広い。そこでは、たったいま指摘されたように、《私たちのやっていることはナンセンスではないのか》が問われている。そして、まさにこのために、その問題の解決はブーメランのように私たち自身へ返ってくる。例えば、もし当該問題が「罰したり責めたりすることはすべて無意味だ」という解決を得るならば、私たちが現実に行なっている罰や責めも全部ナンセンスになるのである。

さて――これが本節で最も言いたいことだが――第Ⅱ部で提起された問題は、その射程の広さを念頭に置いたうえで取り組まれねばならない。すなわちそこでは刑罰という個別の事柄について「それは有意味か」が問われているだけではない。むしろ問題の核心は《私たちは有意味に行動できているか》なのだ。

いや、問題はさらに深刻である。じっさい、制度についてであれば、無意味だと判明したときには、廃止してしまえばよい。それゆえ刑罰という制度にかんしては、たとえ現状においてまったく現実的なオプションと感じられなくても、それを廃止するという選択肢はある。とはいえ、本章と次章でじっくり説明する点だが、〈責めること〉や〈罰すること〉一般が無意味だと判明したとき、同じことが言えるだろうか。はたして〈責めること〉や〈罰すること〉を金輪際止めてしまおうなどと言えるだろうか。

第Ⅱ部で提起された問題はこうした深みにおいて捉えられねばならない。そして、その問題の射程が適切に理解されるとき、《それにどう向き合うべきか》も明らかになる。

4　科学的世界観の下で自由に居場所はあるか——私自身の経験から

ここで——理解の補助線として——私自身のことを語らせていただきたい。なぜなら私はかつてこの問題にはまり込み、長く苦しんだ経験をもつからだ。そのころの私のあり方を記述することは、自由をめぐる問題の「深み」を理解することに役立つだろう。

私は理系の学生だった。科学者になることを目指し大学の理学部に入った。もう四半世紀以上前の話である。

大学に入ってからしばらく経ち、ひとつのことが私の関心を占めるようになった。それは一種の科学的世界観である。より正確には、この世界観から導き出されるだろう帰結が、私の心を捕らえて離さなくなったのである。だがここでの「科学的世界観」とは何か。そこから導き出される帰結とは何か。

この世界観によれば、すべてのものは「物質」や「力」などの物理的存在の組み合わせとして存在する。じっさい——みなさんもそう考えるだろうが——人間は原子という物質の複雑な集まりであり、人間を構成する材料として非物質的な霊魂などは存在しない。人間を組み立てている原子はそれぞれ物理法則に従って運動し、こうした運動のたいへん複雑な組み合わせが人間の行動を作り上げる。例えばいま私はPCのキーボードを打っているが、目下の世界観によれば、この行動も分解すれば法則に従った物質の運動の組み合わせであると分かる。人間を組み立てるのに必要なものは「物質」や「力」やその他もろもろの物理的存在だけであって、それ以外のものは不要である。

学部のころの私はこの世界観にリアリティを感じた。というか、現在でも、私はこの世界観のうちに無視できない真理が存すると考えている。一切は「物質」や「力」などの組み合わせであり、あらゆる現象は法則に従った運動の集まりである。それはじっさいにそうだろう。だが、この世界観を受け入れるとき、たいへん気持ちの悪い状況が生じうる。はたして、問題の世界観が認められるとき、何が生じうるか。当時の私は以下のようなことを考えた。

一切が物理的存在の組み合わせであるならば、どんな現象もいわば「ただ生じる」だけの出来事になる。すなわち、私には自由な選択の結果だと思われる自分の行動も、じっさいには法則に従って「ただ生じる」だけの物質的運動の組み合わせに過ぎない。この場合、たとえ私自身に《自分は自由に行動を選択している》と感じられたとしても、じっさいにはそこに自由な選択は無い。その自由感は幻覚であり、一切は「ただ生じる」に過ぎない。そして《自分が何かを選ぶ》という主体的選択は存在しないのである。

この考えは私にとって不愉快なものであった。なぜなら私は、その考えを否定できないにもかかわらず、同時に《私は自分の行動を自分で決められる》と思うことを止められないからだ。この矛盾的な状態は——似たようなことを体験したひとには分かるだろうが——不快である。なぜ自分はどちらかのキッパリした状態に至れないのか。科学的世界観を全面的に認めて「一切はただ生じるのであり、自由な選択は無い」と達観するのもよい。あるいは、人間は自由な選択主体であるのだから問題の科学的世界観は間違っている、と決心するのもよい。だが私はどちらにも至れなかった。矛盾状態から抜け出せず、その不快さに苦しみ続けた。

とはいえ話はここで終わらない。この状況は〈責めること〉および〈罰すること〉にかんしても不快な矛盾を生み出すのである。それは以下のようなものだ。

自由をめぐる矛盾で鬱々としていた私は次に、もし人間が自由な選択主体でないならば、私たちが互いに責めたり罰したりしていることはすべて馬鹿ばかしいことになる、と気づいた。だが——先と同様に——私は、このことに気づきながらも、同時にひとを責めたりすることを止められなかった。また、悪事を行なったひとが罰せられるのを見ると、「当然のことだ」と感じた。こうした矛盾も不快なものである。なぜ自分はいずれかの首尾一貫した状態をとることができないのか。じっさい、《自由な選択が無い》という考えに忠実になれば、責めることや罰することをすべて止めるべきだろう。あるいは、責めたり罰したりすることを続けるのであれば、ちゃんと《人間は自由な選択主体だ》と確信すべきだろう。だがここでも私はどちらにも至れなかった。そして矛盾状態の不愉快さにえんえんと苦しんでいたのである。

その後どうなったのか。私はこの問題を何とかしなければ生きていけないと感じた。けっきょく、学部を変えて、哲学をまなぶようになった。この進路変更に後悔はない。苦悩はいつしか消えた。それがどう解消されたのかは自分でもよく分からない。不快さは何年も続いたが、気づいたらそれほど悩まなくなっていた。そして、煩悶《はんもん》が過ぎ去ったあと、私は〈自由〉や〈選択〉にしかるべき居場所があることを発見した。すなわち、〈自由〉や〈選択〉などの概念が適用対象をまったく持たないということはありえない、という事実を見出した。その結果、たしかに問題の科学的世界観を退けることはできないが、それでも自信をもって《それでも人間は自由な選択主体だ》と言えるようになった。

矛盾は解消されなかったが、「一切はただ生じるに過ぎない」とは言わなくてもよい根拠が得られたのである。

5 ひとが何かをすること

前節で語ったように二〇歳前後の私は、「自由な選択は無い」という見方にリアリティを認めながら、この見方と自分のやっていることの齟齬に苦しんでいた。だが——本節で説明するように——ここには「自由な選択は無い」という主張を検討するうえでの重要なヒントがある。ではあらためて問おう。人間は自由な選択主体ではないのか。

検討に先立って直感的につかんでおくべきは、ひとが「自由な選択は無い」と主張することには何か変なところがある、という点だ。具体的に考えるとピンとくるかもしれない。例えば、あなたの眼前に私がおり、私があなたに対して「人間に自由な選択は無く、一切はただ生じるだけだ」と告げる、などの場面を考えてみよう。この場合、私のやっていることには、どこかしら奇妙なところがある。以下、この奇妙さを分析し、そこで何が生じているかを解明する。

段階を踏んで説明していきたい。

まず、〈自由〉や〈選択〉の概念は〈主体〉や〈行為〉と互いに連関している、という点を思い出そう（本書の第四章）。これらの概念は——ここが重要だが——ひとが何かをするという事態を、たんに自然現象が生じるという事態から区別する。この区別の対比軸は「ひとが何かをすること（one's doing）」と「ただ生じること（mere happening）」のあいだに置かれる。そして〈自由〉・〈選択〉・〈主体〉・〈行為〉などの概念は前者の「ひとが何かをすること」にかかわる。そしてこの〈すること〉は、〈ただ生じること〉の対立概念である。

事例を挙げて考察する。例えば《XがYを殴ってケガをさせた》と《雷が落ちて一本の木を燃やした》というふたつの事例を比較しよう。前者は「すること」の一例であり、後者は「ただ生じること」の一例だ。ここでつかむべきは二者のタイプの違いである。

一方で《XがYを殴ってケガをさせた》という事態については「誰がやったのか」や「何をしたのか」という問いが意味をもつ。要するに、この事態には〈主体〉や〈行為〉の概念が適用されうる、ということだ。逆に《雷が落ちて一本の木を燃やした》というケースにかんしては「誰が何をしたのか」という問いは意味をもたない。なぜなら、《雷が落ちて一本の木を燃やした》という事態においては、たんに自然現象が生じているだけであり、そこに主体や行為などは見出されないからだ。このように「ひとが何かをすること」と「ただ生じること」は事柄のタイプとして大いに異なる。

加えて以下のようにも言える。Xにたいしては〈自由〉や〈選択〉の概念が適用される可能性がある（もちろんそれらがじっさいに適用されるかは例えばXが遠隔操作されていないかなどを確かめるまで分からない）。逆に雷は、これらの概念が適用可能な対象ではない。一般に〈自由〉や〈選択〉は行為主体にしか適用されない。それゆえ雷といういわば無主体的な自然現象については《自由かどうか》や《選択があるか》はそもそも問題にならない。この意味においても「ひとが何かをすること」と「ただ生じること」は互いに異なるタイプのものだと言える。

以上の区別が把握されれば〈自由〉・〈選択〉・〈主体〉・〈行為〉などの概念が何を行なっているかの理解が深められる。じつに――前もって示唆したように――これらの概念は、この世界のうちでただ生じる自然現象から、「ひとが何かをすること」を切り分ける働きをもつ。言い換えれば私たちは、これらの概念を使って、たんに生じることから「ひとが何かをすること」を区別する。逆から言えば、私たちが実生活で誰かが何かをしていると考えるとき、〈自由〉・〈選択〉・〈主体〉・〈行為〉などの一群の概念が働いているのである。

この点を押さえれば「自由な選択は無い」という主張の含意も明らかになる。じつに、仮にこの主張が正しければ、〈自由〉や〈選択〉の適用対象は存在せず、この世に「ひとが何かをすること」は一切無く、あるのはただ生じる自然現象だけになる。すなわち、行為も主体も無く、ただ「無主体的な」物体の運動があるのみである。より正確に言えば、ひとが何かをしているように見える事態も、じつのところはただ生じる自然現象に過ぎず、「すること」はどこにも実在しない。かくして「自由な選択は無い」は「一切はただ生じているに過ぎない」を意味する。

一切はただ生じているに過ぎない――この仕方で世界を眺めるとき、そこには「ひと」という主体は一人も存在せず、ただ物体の運動があるだけになる。そこでは一切の「すること」が消滅し、物理的存在の複雑な組み合わせからなる自然現象がただ生じている。押さえるべきは、「自由な選択は無い」と主張するひとはかくも極北的な世界像を肯定している、という事実だ。それは無主体性の極北であり、一切の「すること」を排除する純粋な物理現象的世界像である。

本節では重要な事柄が指摘された。最も大事な点を繰り返しておきたい。

〈自由〉の概念は何をするものか。それは「ただ生じること」から「ひとが何かをすること」を区別する。〈選択〉の概念も同様である。じつに〈自由〉や〈選択〉の概念は、〈主体〉や〈行為〉のそれと一緒になって、次の仕事を行なう。それは、「ただ生じること」がひしめき合う海の中から、「ひとが何かをすること」を切り出すという仕事だ。――哲学の専門家のうちにもこうした点をまったく解さないひとがいる。とはいえこの点をつかむことはいわば「地に足のついた」仕方で人間的自由を考察するための出発点なのである。

6 自由の否定の自己矛盾

いまや「自由な選択は無い」と主張することの矛盾を指摘できる。じつにこの命題は自己矛盾なしに主張することができない。説明すれば以下である。

例えば、私があなたの眼前におり、そして私があなたに「自由な選択は無い」と主張するとしよう。この場合――前節で説明したように――私は、この世界には「ひとが何かをすること」はまったく無く、一切はただ生じるに過ぎない、と主張している。だがあなたはただちに私のやっていることのうちに矛盾を見出すだろう。なぜなら、主張するというのはひとつの行為であり、もし私が自分のやっていることを「私の主張」と見なしてもらいたいのであれば、私はこの世に少なくともひとつの「ひとが何かをすること」の存在を認めねばならないからだ。じっさい私は《私が主張を行なうこと》を認めている。これは、私は《一切はただ生じるに過ぎない》とは考えていない、ということを意味する。

同じ点を別の角度から敷衍しよう。

もし《自由な選択は無い》という命題が正しいのであれば、この世には〈誰かが主張を行なう〉という「ひとが何かをすること」も無いことになる。したがって「自由な選択は無い」と主張するひとは、この世には〈ひとが何かを主張すること〉すら無いと主張している。そしてまさにこれを理由として「自由な選択は無い」と主張する私は自己矛盾する。なぜならこの場合に私は、一方で自ら何かを主張しているにもかかわらず、他方で《主張するという行為はどこにも存在しない》と述べているからだ。――このように、ひとが「自由な選択は無い」と主張するさい、そこには必ず自己矛盾が含まれるのである。

以上の議論には代表的な反論がふたつある。

第一に、私があなたに「自由な選択は無い」と主張するさい、私は次のように考えているかもしれない。すなわち、ここには主張という行為は無くてもよく、例えばたんなる音声の発生があるだけでかまわず、そこに「ひとが何かをすること」が含まれる必要はない、と。この場合には、自己矛盾は生じないのではないか。なぜならここで私は《この世に主張という行ないがある》と認めていないからである。

この反論にたいしては——そもそも〈考える〉というのが「ひとが何かをすること」だという点は措《お》くとして（これは次の反論にかかわる）——以下のように答えられる。もし私が本当に《ここには主張という行為は無くてよい》と考えているのであれば、私にとっての「自由な選択は無い」という私の口から発せられる音声は、何かしらの言葉ではなく（なぜならそれは主張でないので）、むしろ川のせせらぎの発する音や風がぴゅーぴゅー吹く音と同じタイプのものになる。この場合、「自由な選択は無い」という音声は意味を失う（なぜならそれは言葉でないので）。かくして、私は自分の言葉が何かを意味していると考える限り、第一の反論を行なうことができない。

第二に、たしかに「自由な選択は無い」と主張するとき自己矛盾が生じることは認められるが、私は言葉に出して主張することを控えてたんに《自由な選択は無い》と頭の中で考えるだけに留めることができる。この場合には自己矛盾は生じないのではないか。

この反論にたいしては「いや、何かを考えるということは、決してたんに起こることではなく、むしろひとが何かをすることだ」と応答できる。じつに――ここは大事だが――私は《ひとが何かをすることはありうるか》などと考えるだけで、自分自身へ〈主体〉や〈行為〉や〈自由〉や〈選択〉の概念が適用されることを認めている。なぜなら、私がこのように考えるとき、そこには考える主体が存在し、「考える」という行為があり、複数の考える仕方からひとつを自ら選んで決めているからである（少なくとも私はそう認めねばならない！）。けっきょく、《一切はただ生じるに過ぎないのか》と考える時点で、私はすでに《一切はただ生じるだけ》という見方を離れているのである。

以上を踏まえるとウェグナーと小坂井のそれぞれの主張のうちにも矛盾を見出すことができる。なぜなら、いずれも《自由な選択は無い》と主張するのだが、そのように主張することがそれ自体で「ひとが何かをする」という自由な選択であるからだ。ふたりはどちらも《一切はただ生じるに過ぎない》を含意する命題を主張している――とはいえ、主張することは決して「ただ生じること」ではないので、彼らの行ないは彼らの言っていることを否定する。簡潔に言えば、彼らは《自分が何かを主張していることはない》と主張している、ということだ。ウェグナーや小坂井の議論を理解するさいには、そこに内含するこうした矛盾を見逃すわけにはいかない。

7 人間の条件

以上が本章の中心的主張の説明である。ここから重要なことが指摘できる。本節の議論の締めくくりとして、本章の中心的主張から引き出されることを確認しよう。

前節で《ウェグナーや小坂井の主張は必ずや自己矛盾を含む》と言われたが、私は決して彼らのやっていることが完全に間違いだと言いたいわけではない。このあたりはそれほど単純でない。状況を正確に述べれば次だ。すなわち、ウェグナーや小坂井の考えには一定の真理が含まれるが、それでも一言二言付け加えるべきことがある、と。

本章の主張から引き出される最も重要なことは、〈主体〉・〈行為〉・〈自由〉・〈選択〉という概念群が私たちの生の根本的な枠組みに属している、という事実だ。例えば私が「行為など無い」や「主体は存在しない」などと主張すれば、ただちに自己矛盾する（なぜなら、そう主張するさい、私という主体や主張という行為が存在すると認められているから）。この意味で〈行為〉や〈主体〉はひとが何かをするさいの前提条件になっている。逆から言えば、〈行為〉や〈主体〉の適用可能性を認めなければ、ひとは何もできない。この点を踏まえれば〈主体〉や〈行為〉は、私たちがその生において何かを行なうことの前提的な枠組みの一部だと言えるのである。

同じことが〈自由〉や〈選択〉についても言える。じっさい「自由など無い」や「選択は存在しない」という主張も自己矛盾する。例えば私がこのように主張するとき、私はそれを行なうことを自分で決めている。また私は、いろいろと行ないうることの中で、敢えてそれを選んで行なっている。要するに、私が何かをするとき、私は〈自由〉および〈選択〉が存在する空間に身を置いている。私が生きて何かを行なうとき、私はつねにこの空間の中にいる。かくして〈自由〉や〈選択〉もまた、私たちが生を営むことの前提的な枠組みの一部だと言える。

以上の議論のポイントは、人間の生には一定の枠組みのようなものがある、ということろだ。この枠組みとは、それを欠いては人間的生がそれとして営まれえないような一般的な形式のことだ。具体的には——たったいま指摘されたように——〈主体〉・〈行為〉・〈自由〉・〈選択〉などがこれに属す。さまざまな文化において人間生活のいろいろな具体的形態が見出されるが、「ひとが何かをすること」を欠く人間生活はない。人間生活の文化人類学的なヴァリエーションを貫通して、〈主体〉・〈行為〉・〈自由〉・〈選択〉はその一般的形式を構成する。なぜなら、これらの概念の働きによって、「ただ自然現象が生じる」とは区別された「ひとが何かをすること」が成り立つからである。

たったいま指摘されたことは《なぜ「自由な選択は無い」という主張は自己矛盾するのか》の理解を深めてくれる。じつに〈自由〉や〈選択〉の適用可能性を否定することは、人間の生の枠組みを否定することを含む。それはひいては《人間など存在しない》という命題を含意する。かくして「自由な選択は無い」と主張するひとは、自ら人間として生きながら、人間の存在を否定していることになる――ここにも根本的な自己矛盾が見出される。

ただし――ここも重要だが――私たちは少なくともいったんは人間の生の一般的な枠組みの外に立って「人間の生が存在しているということも幻想のようなものではないのか」などと問いただすことができる。こうした問いから得られるものは多く、小坂井やウェグナーの仕事はこうした類に属すと言える。とはいえ、たとえいったん人間の生の枠組みを外から眺めてその実在性を疑えたとしても、すぐに私たちはその枠組みの内部に引き戻される。具体的には、神経科学や社会心理学の実験にもとづいて「人間の自由は錯覚かもしれない」と疑ったとしても（このような疑いは可能だ！）、すぐに自己反省して《私が何かを疑う》ということも人間の自由な行為の一種だと気づき、自分が人間の生の枠組みの内部にいることを見出してしまう。かくして次のように言える。人間の生の一般的な枠組みは私たちにとって〈完全には抜け出すことのできない何か〉なのだ、と。

人間の生を成り立たせる条件、あるいは人間の生の一般的な枠組み——これが長い煩悶の後に私の見出した〈自由〉や〈選択〉の居場所である。〈主体〉・〈行為〉・〈自由〉・〈選択〉という概念群は、私たちの生にとって、かくも「深い」位置に根づいている。それゆえそれらの実在性を否定し切ることはできない。たとえ科学的世界観が私たちをして《一切はただ生じるに過ぎない》という眺めをいったん見せしめるとしても、再度反省すれば、私たちは自分が人間的な生のうちにいることに気づく。これはウェグナーや小坂井にも妥当し、彼らも人間の生を営む以上、決して自由な選択のある空間から外へ完全に出ることはできない。それゆえ自由な選択については「それは錯覚だ」と言ってそれで済ませるわけにはいかない。少なくともそこに一言加えて「とはいえ自由な選択の存在は否定し切ることができない」とも注記せねばならないのである。

現在の私は《自由な選択は実在しないのではないか》と悩んではいない。悩まなくなったきっかけはどちらかと言えば《時間の経過とともに心境が変わる》という心理的なものであり、必ずしも《本章で言われたようなことを見出したために悩まなくなった》という流れがあったわけではない。私が本章のような考えを自分で表現できるようになったのは、煩悶の時期が終わってだいぶ経った後である。いずれにせよ――もし現時点で苦しんでいるひとがいればそのひとへ向けて書くが――自由な選択の実在をめぐる悩みは、時の移ろいとともに弱まったり消えてしまったりする。

じつを言えば矛盾が完全に解消されたわけではない。なぜならいまでも私は、世界を物体の運動の組み合わせと見なし、《一切はただ生じるに過ぎない》とする観点に立つことができるからだ。私たちが世界をこのように見ることができるのは事実であり、その意味で、小坂井やウェグナーの考えには一定の真理性がある。とはいえ――本章で示したように――自由な選択の実在のほうにも、相当の真理性がある。例えばあなたはいま本を読んでいるだろうが、《あなたが読む》という事態は〈主体〉・〈行為〉・〈自由〉・〈選択〉という一群の概念のもとでのみ可能である。けっきょく、繰り返し述べるように、人間として何かを行なっている限り、私たちは自由な選択のある空間のうちにいる。この空間が「ひとの生きる場」と呼ばれうることに気づけば、自由をめぐる矛盾は少なくとも私たちを必ず煩悶させるような何かではなくなる。

第八章　責任は虚構ではない——自由と責任の哲学

1　私たちはどのように生きているか

話の流れをいまいちど振り返ろう。

第Ⅱ部では、神経科学や社会心理学の実験から《自由な選択は無い》という見方を引き出し、それにもとづいて《人間は自分の行為に責任を負うことができず、人間を応報の意味で罰することは意味をなさない》と結論する議論が紹介された。はたして応報的罰は無意味なのか。人間は自分の行為に責任を負いうる主体なのか。そもそも自由な選択はあるのか。

第Ⅲ部ではこうした問いへ答えることを目指している。

前章（第七章）では自由な選択の存在を守る議論が提示された。そこでは、例えば「ひとが主張を行なう」というのは〈主体〉・〈行為〉・〈自由〉・〈選択〉という概念群の適用可能性を前提しており、それゆえ誰かが「自由な選択は無い」と主張することは必ず自己矛盾を含む、と指摘された。じつにこれらの概念は人間の生の一般的な枠組みを形づくっており、そのために〈人間の生を営みながら、それらが適用できないと主張すること〉は不条理を生む。かくして、「自由な選択は無い」という主張は決して〈有無を言わさぬ真理〉であるわけではない、と言える。

押さえるべきは——前章の終盤でも強調したが——《人間の生には一定の枠組みのようなものがある》という点だ。じつに、人間の生の内側には修正可能なものや廃棄可能なものがたくさんあるが、人間的生活のフレームワーク自体は（少なくとも人間にとって）意図的に修正したり廃棄したりすることができない。なぜなら、人間として生きる限り、私たちはつねにそのフレームワークに沿って行為せざるをえないからだ。この枠組みはそもそも「ひとが何かをすること」を可能にするものであり、〈修正する〉や〈廃棄する〉などの行ないもその枠組みの内部で初めて可能になる。そして、まさにこのことを理由として、この枠組みそれ自体を修正したり廃棄したりすることは不可能になるのである。

本章は〈責任〉と〈応報〉をテーマとするが、そこで指摘されるのは《責任と応報も人間の生の一般的な枠組みに属す》という点だ。これは私だけがそう考えているわけではなく、現代の〈自由と責任の哲学〉の第一人者のひとりであるイギリスの哲学者ピーター・ストローソンもそのように述べる。いや、時系列を正直に述べれば、まずはストローソンがそれを発表し、彼の論文を読んだ私が同じように考えるようになった、ということだ。本章は、ストローソンの議論を紹介しながら、《責任と応報も人間の生のフレームワークの一部だ》という事実を確認する。これによって〈責任〉と〈応報〉の概念も守られるだろう。

序で述べたように〈ストローソンの議論の精神を正確に提示すること〉が本書の目標のひとつである。なぜなら、すでに述べたとおり、この哲学者のやっていることは誤解されやすいからである。じつにストローソンの議論は〈分かりやすい前提からロジックの規則を通じて結論を導き出す〉といういわゆる「論証的な」スタイルで行なわれていない。むしろそれは〈自己理解〉や〈自己解明〉に力点を置く。ストローソンは、言ってみれば、私たちをして私たち自身を反省せしめる。すなわち《私たちはふだんどのように生きているか》や《私たちはふだん何をしているのか》を振り返らせるのである。それによって私たちがふだん「気づかずに」従っているところの形式、すなわち人間の生の一般的な枠組みが明らかになる——これがストローソンの目指す事柄である。

本章の議論は以下の順序で進む。はじめにストローソンの論文の歴史的な位置づけを説明する（第2節）。そして、この論文の要点を理解するための便利なとっかかりとして哲学者・成田和信の文章をいくつか引き（第3節）、そのうえでストローソンの有名な「反応的態度」の概念の中身を見る（第4節）。次に、「道徳的要求」および「道徳的期待」をめぐる議論を押さえ（第5節）、ストローソンの論文の中心的主張を確認する（第6節）。最後にこの主張から、科学の知見にもとづく責任批判論の不足点を指摘する（第7節）。

2　自由と怒り

ストローソンの立場は彼の論文「自由と怒り」で展開される。はじめに現代の〈自由と責任の哲学〉におけるこの論文の位置づけを説明しておきたい。

現代の〈自由と責任の哲学〉は一九六〇年くらいまでにシュリックやエイヤー、エドワーズ、ホスパース、キャンベルなどが繰り広げた議論を出発点とするが、そこで論じられた主要な問題のひとつは「ひとを責めることは正当でありうるか」であった。じっさい、仮に科学的世界観が自由な選択の存在を否定するならば、誰も自分の行為に責任を負うことができず、その結果——彼らは「論理的にそうなる」と考えたが——ひとを責めることはすべて不当になる。だが責めはじっさいに不当なのか。責任の前提である自由な選択は存在しえないのか。この問いへはいろいろな答えが提示された。

一九六二年に公表された「自由と怒り」はこうした問題設定そのものへのアンチテーゼである。すなわちストローソンの論文では、「ひとを責めることは正当でありうるか」と問うことはそもそも〈責任〉の概念の無理解を含む、と指摘される。この論文によると——いまから見ることだが——、〈責任〉の正しい位置づけが分かれば、〈責めること〉の正当性を一般的に問うことの馬鹿ばかしさも露見する。そして同様のことが〈罰すること〉一般についても言われうる。

このようにストローソンの論文は〈従来の問題設定への批判〉を目指す。それゆえ読者は彼の議論を〈従来の問題へ何かしらの解決を与えようとするもの〉と見なしてはならない。むしろ彼が言いたいのは、従来の問題はそもそも適切に設定されていない、ということだ。それゆえ、「ひとを責めることは正当でありうるか」という問いの不適切性を得心したときに初めて、ストローソンの論文の精神をつかんだと言えるのである。

ところで「自由と怒り」以降の〈自由と責任の哲学〉がどのように進んだのか――この点についても簡単にふれておきたい。

この論文はそれほど多くの追随者を生まなかった。その結果、いまだに「ひとを責めることは正当でありうるか」は〈自由と責任の哲学〉のメジャーな問いのひとつであり続けている。そしてまさにこの現状が、私がこの本を書こうと思った理由のひとつである。ただしいささかマイナーな思潮だが「ストローソン主義」と呼べるような流れもあり、それは人間の「自然な」生き方のうちに〈責めること〉や〈罰すること〉を位置づけようとする。その立場によれば、責めや罰という実践は「自然な」ものであり積極的な正当化を必要としない。こうした思潮の哲学者としては――私の理解では――例えばタルバートやヒエロニミなどが挙げられうる。

3　人間が責めるのは人間である

では「自由と怒り」[1]の内容を見ていこう。とはいえ本書では、この論文の議論を一歩ずつ追っていくことはせず(なぜならそれは不必要に複雑になるから)、むしろ単刀直入にその精神を引き出すよう努める。その内容の細かな紹介はコラムにまわす。

「自由と怒り」の核心部をつかむためのとっかかりとして便利な話を哲学者の成田和信が提示している(このひとは日本においてストローソンの考えを紹介したことのあるひとの一人だ)。まずはそれを見てみたい。成田曰く、

我が家の玄関前にゴミが散乱している。調べてみると、隣人がわざとゴミを撒き散らしたことがわかったとしよう。この場合、私は隣人を責めるであろう。だが、カラスがそのゴミを撒き散らしたのであれば、カラスに怒りを感じるかもしれないが、カラスを責めることはない。また、そのゴミの散乱が風の仕業であれば、腹がたつかもしれないが、風を責めることはない。こんどは、隣人が我が家の玄関前のゴミを親切に掃除してくれたとしよう。この場合、私は隣人に感謝するであろう。だが、カラスがそのゴミを持ち去ったのであれば、手間が省けてよかったと思うかもしれないが、カラスに感謝することはない。また、風がそのゴミを吹き飛ばしたのであれば、やはり手間が省けてよかったと思うかもしれないが、風に感謝することはない。こう見ると、責める気持ちや感謝の

気持ちは、特定の対象にしか向けられないことがわかる。(2)

ここでは、責める気持ちや感謝の気持ちは特定の対象にしか向かわない、と指摘されている。じっさい成田が引用で述べるように、《ゴミを撒き散らしやがって、言い訳次第ではぶん殴ってやるぞ》などの責める気持ちは、決してカラスや風には向けられず、ただ人間という存在にしか向けられない。感謝についても同様であり、《ゴミを片づけてくれてありがたい、今度会ったらお礼を言わねば》という感謝の念も人間以外に対しては生じない。ここで押さえるべきは、人間に対してしか抱かれることのないタイプの感情や態度がある、という点である。

「同じことは」――と成田は続けるが――「恨み、憤り、軽蔑、あるいは、賞賛、尊敬といった心情についても言える」(3)。たしかに私たちはある意味でイヌやネコを「恨む」ことがあるが、これは擬人化の結果である。すなわち、イヌやネコを人間のような〈悪意をもちうる存在〉と見立てるからこそ、イヌやネコへの恨みは意味をもつ、ということだ。かくしてここでも《恨みは人間以外へは向けられない》という原則はむしろ堅固に成り立っている。同様のことが尊敬や軽蔑についても言える。

以上をまとめれば次のように言える。すなわち、責める気持ち、感謝の気持ち、恨む気持ち、尊敬、軽蔑などの一連の感情や態度の第一の対象は人間である、と。こうした点を踏まえて先述の成田は次のように論じる。

人と人とは互いに相手を、恨んだり、軽蔑したり、憤慨したり、あるいは、感謝したり、賞賛したり、尊敬したりして暮らしている。そして、このような心情をかわし合いながら、互いに結びついている。このような結びつきは、人に特有である。その意味で、これらの心情は、「人々」という特殊な共同体の紐帯になっている。(4)

ここでは、恨み・感謝・軽蔑・尊敬・憤慨などを互いに向け合う関係性が人間の共同体を作り上げている、と指摘されている。これはじっさいによく分かる。SNSを覗けば、私たちが日々互いに憤慨や軽蔑や尊敬や感謝を送り合っている事実に気づかざるをえない。そしてこうしたやり取りに人間以外は参加してこない(じっさいイヌやネコは参与しない)。たしかに「このやり取りに文章生成プログラムという人間でないものが参加する」と言いたくなるような場面は生じうるが、それがあたかも参加しているかのように感じられるのは《これは人間だ》と信じられている期間だけである。じっさい、ひとたびそれが人間でないと判明すれば、真剣に憤慨や尊敬の念を送るひとはいなくなってしまう。

こうした議論を理解せんとするさいに最も重要なことは――本章の第1節でも強調したが――《ここでは私たち自身のことが語られている》という点を自覚することだ。すなわち、互いに恨みや感謝の念を向け合いながら生きているのは他ならぬ私たち自身である、ということ。そして私たちは、事実として、「ひと」という特別な対象にしか恨みや感謝の態度を差し向けない。要するに、ここでは《私たちはどう生きているか》が記述されているのであり、この点はここから先の議論においてもそうなのである。

いったんまとめよう。

恨みや感謝や憤慨などの感情や態度のやり取りは、たんなる物体の物理学的な運動や昆虫や動物の生物学的な行動から、「人間の生」という領域を区別する。逆に――こちらも強調すべき事実だが――〈互いに恨みや感謝や憤慨などの感情や態度を向け合う〉という関係性をまったく欠いた人間の生などは考えられない。この意味で、これらの感情や態度を互いに向け合うという関係性もまた、人間の生の一般的な枠組みの一部だと言える。もちろん《感情や態度をどのように表出するか》は文化によって異なる（控えめな文化もあればオーバーな文化もあるだろう）。だがいずれにせよ、人間の生が営まれているところでは、必ずこのタイプの感情や態度のやり取りが行なわれている。前章では〈主体〉・〈行為〉・〈選択〉・〈自由〉が人間の生のフレームワークの一部だと言われたが、この枠組みの要素はこれらに尽きない。すなわち、たったいま述べられたように、〈恨みや感謝や憤慨などの感情や態度を互いに差し向け合うこと〉も人間の生の一般的形式に属すのである。

4 反応的態度

以上で述べられたことを論文「自由と怒り」も重視する。前節で私たちは《人間が互いに感謝・恨み・憤りなどの感情や態度を向け合う》という事実を見たが、ストローソンの議論はこの点の確認から開始する。そして彼はこうした人間的な感情や態度を総称して「反応的態度（reactive attitude）」と呼ぶ。なぜなら――命名の理由の候補をひとつ挙げれば――感謝や恨みは他人の態度や行為に現れる善意や悪意に「反応して」生じる態度だからだ。例えば、ストローソン曰く、誰かが私を手助けしようとして私の手を偶然に踏んでしまったとする。その場合でも、私を軽蔑し無視していた（あるいは、私を傷つけようという悪意をもっていた）場合でも、痛みのつらさは変わらないということがある。しかし、後者の場合には、前者の場合には感じないような種類と強さの怒りをたいてい感じる。(5)

大事な点なのでじっくり説明しよう。

誰かがあなたの手を踏む、という事態を考えられたい。そして――引用で想定されるようなケースだが――そのひとが悪意をもって踏んできた場合と、そのひとが《崖から落ちそうになっているあなたを助けたい》と善意で動いたのだが石につまずき誤って手を踏んでしまった場合とを比較していただきたい。この場合、前者の場合ではあなたのうちに「怒り」という反応が生じるだろうが、後者では決して同じくらい強い怒りは生じない（もちろん誤って手を踏んだことにたいして「注意しろよ！」とイラつくことはあるかもしれないが）。このように怒りは悪意への反応である。同様に感謝は善意への反応である。そしてこうした観察を踏まえてストローソンは問題のタイプの感情や態度を「反応的態度」と呼ぶのである。

この命名は的確だ——という点はさらに踏み込んで説明できる。「尊敬」を例にとろう。子どもが誘拐されそうになっているとき、《その子どもを助けようと意図してMさんが誘拐犯に立ち向かう》というケースと《ムシャクシャしていたNさんが誰でもいいからぶん殴ってスッキリしたいと考えたまたま誘拐犯をノックアウトした》というケースを比較していただきたい。この場合も、MさんとNさんのあいだの意志や意図のあり方のちがいから、それを見た私たちのうちに生じる感情や態度もちがってくる。すなわち、子どもが救助されたという結果が同じだとしても、Mさんへ向けられるような尊敬はNさんへは向けられない。このように、人間の暮らしを特徴づける「尊敬」や「軽蔑」や「恨み」などの感情はどれも、ひとの意志や意図のあり方にたいする反応物なのである。

ストローソンによれば「反応的態度」は「ひと」という存在を特徴づける。ひとは自分の行為を自分で選ぶが、そのさいにそのひとの意図が何かしらの形で（あるときは正しくあるときは誤解されて）他者に伝わる。そしてこの他者は、受け取った意図のあり方に応じて、行為者へ一定の感情や態度を差し向ける。こうしたやり取りのうちで人間は生きている。そして、こうしたやり取りが完全に欠如した人間の生は、まったく考えられない。

ちなみに——たいへん重要な注意だが——ストローソンがここで提示するものは記述で

あって、理論ではない。すなわち本節で述べられたことは、決して〈人間生活のあり方を特殊な視点から整理整頓して得られる理論的構築物〉ではなく、むしろ〈私たちの生き方を「内側から」それとして写し描くことによって得られる記述〉である。要するに、私たちがじっさいに生きているあり方がそれとして描かれている、ということだ。それゆえ、あなたがストローソンの言わんとすることを理解したいのであれば、《あなた自身の生き方が記述されている》と考える必要がある。逆から言えば、《ここで言われていることは自分のあり方とは関係ない》と思っているうちは、決して十全には理解されないのである。

5 道徳的要求と道徳的期待

さて前節で説明されたようにストローソンは《互いに反応的態度を差し向け合うことが人間の生の一般的枠組みに属す》と述べる。ここで押さえるべきは、彼の論文は《人間の生がどのようなフレームワークをもつか》の記述をその主要な仕事としている、という点だ。最終的には――すでに予告したとおり――〈責任〉や〈応報〉もその一部だと判明する。だがその点の解明へ進むための重要な足がかりとして、いわゆる「道徳的要求」や

「道徳的期待」を互いに投げかけ合うことも人間の生の一般的な枠組みに属す、という事実を押さえることは重要である。本節はこの点を説明する。

「道徳的要求」あるいは「道徳的期待」とは何か。具体的に説明したい。

あなたは街中を歩いている。そしてあなたは、何気なく路地のほうを眺めると、そこで見ず知らずのひとが複数の人間に暴力を振るわれているのを発見する。多人数が一人を一方的に足蹴にしている。ここであなたの内部にどのような感情が湧くかはケース・バイ・ケースである。とはいえ——ここが大事だが——あなたのうちに義憤の気持ちが湧いてくることはありうる。さてここで問いうる事柄がひとつある。苦しめられているのは見ず知らずのひとなのに、なぜ「義憤」という一種の腹立たしさが湧いてくるのか。

この問いへの第一歩目の答えは「いや、義憤とはむしろそういうものだ」である。じつに、たんなる怒りと、義憤とは異なる。人間は、自分や身内が苦しめられたことにたいして「怒り」を抱くだけでなく、見ず知らずのひとが理不尽に苦しめられているのを見て「義憤」を感じたりする。言い換えれば人間は、自分にとって直接的な利害関心をもつだけでなく、見ず知らずのひとへの不正を憎む一般的な関心も有する。

先の問いへの答えとしては以上で十分である。とはいえストローソンはここで何が起こ

っているかをより踏み込んで分析する。そのさいに「道徳的要求」および「道徳的期待」という語が用いられる。(6)

曰く、人間社会において私たちは、《むやみに他人を苦しめてはならない》や《他人を残酷な仕方で扱ってはならない》などの要求、あるいは《ひとを苦しめなければ、そのひとから自分が苦しめられることはない》などの期待を、互いに投げかけ合いながら生きている。これらは、個人的な利害関心から多かれ少なかれ離れた要求や期待なので、「道徳的要求」および「道徳的期待」と名づけられる（そしてストローソンもこれらの用語をこの意味で用いる）。私たちの各々は、たいていの場合、他人から投げかけられるこうした要求や期待を満たしながら生きている。とはいえときに誰かがそれを裏切ることもある。そしてそのさいに生じるネガティブな感情が「義憤」であったりするわけである。

以上は《なぜ私たちは見ず知らずのひとが被った不正に腹を立てたりするのか》のストローソン流の分析である。じつに、〈道徳的な要求や期待を互いに投げかけ合う〉という関係も人間の生の一般的な形式の一部であり、まさにこのことを理由として、例えば《むやみに他人を苦しめてはならない》という道徳的要求を破るひとにたいしては「義憤」というネガティブな感情が生じる。もちろん個々人が個別の状況でどんな感情を抱くかはケース・バイ・ケースである（例えば《心に余裕がない》などの特殊な事情があるときは他人への不正を見ても義憤が生じないことはありうる）。とはいえ《私たちはふつう見ず知らずのひとへの不正についてネガティブな感情を抱く》という一般的事実は成り立つ。なぜなら――ストローソンはこう指摘するが――こうした不正を嫌う要求や期待を投げかけ合いながら生きるというのが、私たちの生の一般的なあり方だからである。

以上より、私たちにとって道徳的要求や道徳的期待は「自然な」ものだ、と言える。すなわち例えば「道徳的な要求や期待をひとへ投げかけることは正当なのか」などは私たちにとって問題にならない。なぜなら決して、私たちが《この要求や期待を正当化する何かしらの根拠がある》ということを理由にそれを互いに投げかけ合っている、ということはないからだ。むしろ私たちはそうした要求や期待を投げかけ合うように「できている」のである。そしてこれが《道徳的な要求や期待を投げかけ合うことは人間の生の一般的な形式の一部だ》という命題の意味である。それゆえこの種の要求や期待はさらなる正当化を要さない。いや、より正確に言えば次だ。すなわち、そもそも〈何かを正当化する〉という作業は人間の生活の内部で行なわれるものであり、したがって、人間の生活それ自体を形づくる道徳的な要求や期待については、それを正当化するという企ては意味をなさない、と。

いったんまとめよう。

たとえ見知らぬひとであっても、そのひとが足蹴にされているのを見れば、特別な事情がない限り、道徳的な立腹すなわち「義憤」というものが湧き起こる。これは人間として「自然な」あり方だと言える。そして〈互いにこうした要求や期待を交わさないこと〉や〈こうした要求や期待をまったく気にせず生きること〉は、人間であることを止めない限り不可能である。このように人間の社会には、自然なあり方としてすでに、互いに対する一種の道徳的配慮が組み込まれている。それゆえストローソンは人間の集団を「道徳共同体」と呼んだりする。(7) 人間の生きる空間はそれ自体で道徳の存在する空間だ、ということである。かくして私たちにとって道徳は「自然」であり、それを正当化することがそもそも意味をなさないような「生活形式」に含まれるのである。

6 ナンセンスな問い

話がここまで進めばストローソンの論文の中心的主張——すなわち「ひとを責めること

は正当でありうるか」という問いは誤って立てられた問いだという主張——も理解できる。そして同時に《責任や応報も人間の生の一般的な枠組みに属す》という点も指摘できる。以下、こうした点を踏み込んで説明したい。

結論を先取りして言えば次だ。すなわち、約束を破ったひとを責めたり決まりを破ったひとを罰したりすることも私たちにとって「自然な」ことである、と。これらが自然であるのは、すでに述べられたこと——すなわち《ひとが自分に向けられた悪意にたいして怒りという反応的態度を示すこと》や《ひとが道徳的要求を裏切る人物にたいして義憤を抱くこと》が自然であること——と同様である。要するに〈過ちを犯したひとを責めること〉や〈不正を犯したひとを罰すること〉もまた人間の生の一般的な枠組みに属している。私たちはそれを行なうように「できている」のである。

以上の議論の要点は何か。それを明確化するために「悪人への責めや罰は社会にとって有益だから行なわれるべきだ」と主張するひとについて考えてみよう。

この主張は完全に間違っているわけではない。じっさい、約束を破ったひとを「あなたはしてはいけないことをした」と非難すれば、そのひとは反省するかもしれない。その結果、そのひとが約束を守るようになれば、社会にとって有益である。また、泥棒をしたひとを罰するときには、いろいろな抑止効果が生じるだろうから、これも社会的に有益である。とはいえ《こうした有益性だけが非難や罰の根拠だ》と考えることは間違いである。そのように考えるひとは人間の生に関する重要な事実を見逃している。

それはどんな事実か。答えて言えば、〈過ちを犯したひとを責めること〉はそもそも何かしらの理由のために採用された制度ではない、という事実である。じっさい——ポイントを明確化するための非現実的な想定だが——《悪人を責めることにはまったく正当な理由がない》と判明したとしても、私たちはこの実践を止められない。というのも〈過ちを犯したひとを責めること〉はそもそも理由によって採択されたり廃止されたりしうる何かではないからである。例えば「責任は実在せず、ひとを責めることはそれとして意味をなさない」と考える小坂井敏晶でさえ、人間として生きる限りひとを責めることを止めることができない（この点は次章で確認する）。〈過ちを犯したひとを責める〉という私たちの振る舞いは人間の生の一般的な形式にもともと組み込まれており、それは決して有益性のために採用されたものではないのである。

〈不正を犯したひとを罰すること〉についても同じことが言える。たしかに刑罰という制度にかんしては《廃止するか否か》のオプションが存在するが、〈罰すること〉一般についてはそうではない。なぜならそれは人間の「自然な」あり方の一部だからである。より正確に言えば、《一方的に他人を害したひとを不問にはできない》といういわば「応報的な」関心は人間の生の一般的な枠組みの一部をなす、ということだ。これはじっさいにそうである。具体的には、他人のものを盗んだひとにたいしては、一般に、みんな何かしらの次元で罰する(例えば、グループから排除したり、親密な関わり合いから疎外して距離をとったりなど)。逆から言えば、不正を犯したひとにたいしていかなるネガティブなリアクションもとらない社会は、可能なあり方の社会ではない(そんな社会では「不正」という概念すら無意味なものになる!)。こうした意味において〈不正を犯したひとを罰すること〉は私たちにとって「自然な」ことなのである。

以上のような点を踏まえてストローソンは次のように論じる。

未開人であれ文明のもとにある人であれ[…]非難や処罰という実践は有益であると、ある程度信じている。しかし、ここで問題となるのは、[…]社会的有用性を唯一の観点として語ると、非難や処罰について私たちが理解していることの中にある肝心なものを取り落としてしまう、という認識である。(8)

ここでは非難や罰一般が有用性のために採用された何かだと考えることの落とし穴が指摘されている。むしろたったいま論じたように〈過ちを犯したひとを責めること〉や〈不正を犯したひとを罰すること〉は人間の生のフレームワークの一部である。それゆえ――この点をつかむことが大事だが――それは私たちにとって「なぜそれは必要なのか」を有意味に問いうるものではない。じつに、人間として生きるということは、道徳共同体を形成して生きるということであり、非難や罰の行なわれる可能性を認めながら生きることである。人間はこのように「できている」のであり、それゆえ非難や罰について「それは必要か」を問うことはナンセンスなのである。

かくして「ひとを責めることは正当でありうるか」という問いの不適切性も明らかになる。じつにこの問いは《ひとを責めること一般が何かしらの正当化を必要とする》と想定しているが、その点で間違っている。むしろ〈責任〉の概念は人間の生の一般的な枠組みという奥深いところに居場所を有しており、それゆえ〈過ちを犯したひとを責めること〉についてはそもそも「それは正当か」を問うことが意味をなさない。重要なのは、私たちは過ちを犯したひとを責めるのであり、そしてそれが人間の生だ、という事実に目を向けることである。要するに〈過ちを犯したひとを責めること〉はそもそも「正当か否か」を問うことが意味をもつ事柄でないのである。

もちろん——念のための注意だが——個別のケースにおいて責めることや罰することが不当になることはある。例えば精神疾患に起因する行動、脅迫されて仕方なく選んだ行為、予見不可能な偶然事のために生じた失敗などは、個別の事情に応じて免責が行なわれる（その結果、責めや罰が部分的あるいは全面的に控えられる）。その一方で、一般的な次元で「責めることはすべて間違いだ」や「罰することはすべて不当だ」と述べることはまったく意味をなさない。なぜなら、繰り返し述べてきたことだが、〈過ちを犯したひとを責めること〉や〈不正を犯したひとを罰すること〉は私たちの生の一般的なフレームワークに属すからである。

7 人間の生活と科学の実践

以上で「自由と怒り」の中心的主張が説明された。ポイントは、人間の生には一般的な枠組みのようなものがあり、この枠組みに〈責任〉や〈応報〉が属す、という事実だ。こうしたフレームワークの内部で私たちは生を営んでいる。そしてときにひとを責め、ときにひとを赦し、ときに苛酷な刑罰を廃止し、ときに責任の所在がはっきりするシステムをつくる。このように生のフレームワークの内部では、いろいろな仕方で責任実践の修正が行なわれる。とはいえ――ここが肝心な点だが――枠組みそれ自体の意図的改定はありえない。なぜなら〈ひとが意図的に何かを行なうこと〉もこのフレームワークの内部の事柄だからである。

以上のようなことを念頭に置いてストローソンは、人間の生を形づくる枠組みについて次のように指摘する。

この枠組の内側にある個々の事例は再検討されることもあるが、枠組の方は再検討されることはない。(9)

すなわち、「再検討」は、枠組みの内側で出会われる事柄を対象とするものであり、枠組みそれ自体を対象とすることができない、ということ。じっさい私たちは、少なくとも人間として生きる限り、人間の生の枠組みを抜け出してそれを外から改定したり修正したりすることができない。かくして「ひとを責めたり罰したりすることを金輪際止めよう」などと提案することはナンセンスになる。

こうしたストローソンの見方は《人間の生活と科学の実践はどのような関係にあるのか》の理解を深めるのにも役立つ。本章の議論の締め括りとしてこの点を説明したい。

第一に押さえるべきは、科学が提示する人間像はある意味で決して「根本的」でも「普遍的」でもない、という点だ。例えばストローソン自身、次のように指摘する。

> 科学者としてふるまうとき、私たちは人間的な態度から自分を切り離した上で人間的な態度を研究する。[10]

ここでは、科学的な人間観が怒りや義憤などの人間の感情や態度を研究するとき、それを本来のあり方から歪めがちだ、と指摘されている。だがこれはどういうことか。具体的に考えてみよう。

例えばあるひとから侮辱されたと感じてそのひとを衝動的に殴り殺した男がいるとする。科学はこの男の怒りを因果連鎖の一部とみる。じっさい、科学の視点からこの件を眺めれば、そこには《ある知覚刺激に対して脳が一定の仕方で作動し、その結果として暴力的な身体運動が生じる》という因果的な流れだけが見出される。この捉え方において怒りなどの態度や感情は、〈ひとの意志や意図への人間的な反応〉という意味づけを失い、ただ〈何かしらの物理的な原因の結果〉と見なされることになる。

もちろんストローソンはこうした科学的分析の意義を完全には否定しない。だが彼は、この種の科学的な見方から《人間は自由な主体でなく、自分の行為に責任を負えない》という結論を引き出すことに誤りを見出す。ストローソンによれば〈責任〉の適用可能性はいかなる科学的な議論によっても否定されうるものでない。なぜなら「科学すること」も人間の生の一般的な枠組みの内部で行なわれるのであり、この枠組みに〈責任〉は属しているからだ。じっさい——この事実に気づくことは大事だが——《科学的な人間観は責任の存在を否定する》と主張するひとは、その主張に自らの責任を負っている。人間が何かをするとき、必ず何かしらの次元で責任が生じている。なぜなら、繰り返しになるが、〈責任〉とは人間の活動を形づくる一般的な枠の一部だからだ。

押さえるべきは、ひとが科学をするときも、そのひとは人間の生の一般的な枠組みのうちを生きている、という事実である。例えば、人間を一種の因果的な機械として記述せんとするさいにも、それを記述するひと（すなわち科学者）は自分のすることを自分で決め、そのやり方を選び、自らの探求に責任を負う。このように科学の実践においても、根本には、自由な選択主体であり責任主体であるところの人間が存在する。科学の実践は〈主体〉や〈自由〉の適用可能性を前提しているのである。――こうした事実に目を向けるとき、ウェグナーの理論や小坂井の言説が決して「最終的な」ものでないと気づかれる。

本章では、〈主体〉・〈行為〉・〈自由〉・〈選択〉だけでなく、〈責任〉や〈応報〉も人間の活動を成り立たせるフレームワークに属すことが確認された。すなわち、人間として生きるということは、ひとが自分で自分の行為を選び、それに責任を負い、その行為へ他者たちが反応する、というやり取りのうちで生きることである。かくして人間として生きながら「責任など実在しない」と主張することはただちに自己矛盾を生む。なぜなら、そのように主張するとき、《人間の存在条件を人間自身が否定する》という自家撞着が生じているからである。

コラム　ストローソンの「自由と怒り」

ストローソンの論文「自由と怒り」は学術的にも重要なものであるので、その細かな内容を少し踏み込んで紹介しておきたい。これからこの論文を読もうとするひとにとって「水先案内」となるようなものを書くよう努める。

はじめに押さえるべきは、この論文は形式的には〈決定論と責任の関係を論じるもの〉と理解できる、という点だ。では「決定論」とは何か。

高校の物理学などで物体の運動を支配する法則が例えば $x = x_0 + v_0t$ といった方程式で表わされることは大半のひとが知っているだろうが、こうした方程式は次の特徴をもつ。それは、x_0 や v_0 などの初期条件（すなわち時間ゼロにおける位置や移動速度）が定まれば、その後のすべての時点 t における状態（すなわち x の値）が定まる、という特徴だ。こうした方程式で表わされる自然法則はときに「決定論的法則」と呼ばれる。そして決定論は《この世のあらゆる現象が決定論的法則に支配されている》とする見方だ。仮に決定論が正しかったとしたら、宇宙の初期状態（あるいは遠い過去の宇宙全体の状態）が定まれば、その後のあらゆる状態（ここには私たちが現在何をするかも含まれる）は決定されることになる。

さて《決定論が正しい場合に、ひとは自分の行為に責任を負いうるのか》は古くから論じられている問題である。というのも、一見、決定論は人間が責任を有することと折り合わないように思われるからだ。じっさい、決定論が正しければ、〈選択〉や〈自由〉は人間に適用されないように思われる。だが、もしそうであれば、〈責任〉も人間に適用されない。ではじっさいにはどうなのか。

論文「自由と怒り」は、ひとつの目標として、決定論と責任の関係をめぐるふたつの立場の調停を目指す。そのふたつの立場とは「楽観主義」と「悲観主義」である。

楽観主義によれば、たとえ決定論が正しくても、人間の責任は否定されない。なぜなら、ひとに責任を帰して彼あるいは彼女を責めることは《それが抑止効果をもつ》などの社会的有用性を根拠として行なわれており、《責めることに社会的有用性がある》という事態は決定論によっても否定されないからである。このように、楽観主義によれば、責任の適用可能性と決定論が正しいことは両立する。

悲観主義はこれに反対する。この陣営によれば、決定論が正しい場合には、人間の責任は否定される。なぜなら、ひとに責任を帰して彼女あるいは彼を責めることは《そのひとに自由意志がある》などの形而上学的な事実を根拠とするが、決定論が正しいときにはこの事実が否定されるからである。このように、悲観主義によれば、責任の適用可能性と決定論が正しいことは両立しない。

ストローソンは両陣営に間違いを見出す。じつに――結論から言えば――楽観主義は《責任と決定論が両立する》と考える点で正しい。とはいえそれが《責めることは社会的有用性を根拠に行なわれている》とすることは間違っている。それゆえ悲観主義がこの点で楽観主義に不満を感じることは正しい。だがここから悲観主義は《責めることの正当性は形而上学的な自由の存在を要求する》と一足飛びで進んでしまう――この点は間違っている。私たちが互いに責めることの根拠は何かしらの形而上学（すなわち決定論と折り合わない形而上学）に存するわけではない。

このように、ストローソンによれば、楽観主義と悲観主義はそれぞれある点で正しくある点で間違っている。一方で、ひとに責任を帰して彼あるいは彼女を責めることの根拠は、決定論と衝突する何かしらの「形而上学的な」事実のうちにあるわけではない（この点で楽観主義の結論は正しい）。他方で《責任実践の根拠はその社会的有用性にある》という見方は納得のいくものではない（この点で悲観主義の不満は正しい）。ストローソンは両陣営の正しいところを救い出す見方を提示する。

じつに――本書の第八章で見たように――ストローソンは、ひとが責任を帰して彼あるいは彼女を責めることの基礎は人間の生の一般的な枠組みにある、とする。こうした実践は私たちにとって「自然」である。それゆえ何かしらの社会的有用性のために選ばれているわけではない。また、たとえ決定論が正しくても、〈過ちを犯したひとを責めること〉が人間の生のフレームワークの一部でなくなることはない。それゆえ、決定論が正しかろうが間違っていようが、私たちが互いに責め合うことは依然として「自然に」行なわれる。かくして、決定論が正しいかどうかと、〈責任〉は人間に適用可能かどうかは互いに無関係の問題である。

以上が「自由と怒り」の議論の細かな骨格の少し踏み込んだ紹介である。さらに内容を知りたいひとは原文または翻訳を読まれたい。あるいは、もう少し詳しい紹介を読みたいひとには、序で紹介した高崎将平の『そうしないことはありえたか?』の第七章が薦められる。このコラムよりも具体的な仕方で議論の説明が行なわれている。

第九章　自由・責任・罰についての指摘

1　人間として生きるということ

この章は本書の最終章だ。ここまでの議論の重要な箇所を振り返ろう。

前々章と前章において《私たちはどのように生きているか》が記述された。じつに私たちはそのつどすでに「人間として」生きている。ここで、人間として生きるとは、自分のすることを自分で決め、それを選び、それに責任を負うことである。そして同時に、互いの行為に表れた意図や意志に反応し合い、何かしらの感情や態度を差し向け合うことである。人間の生はこうしたフレームワークに沿って営まれており、その枠組みのうちに〈過ちを犯したひとを責めること〉や〈不正を犯したひとを罰すること〉も含まれる。この枠組みは人間が外側から改定や修正を行なうことのできないものであり、それゆえ「ひとを罰したり責めたりすることは金輪際止めよう」などと提案することは無意味である。

こうした点を踏まえれば、《自由な選択は無い》とするウェグナーの議論や《責任は虚構だ》とする小坂井の言説へ何かしら「言い返しうる」ことが思いつく。彼らの指摘は——繰り返し注意するように——決して完全な間違いであるわけではないが、それでもその不足や見落としを補うようないくつかのことが指摘可能なのである。

本章ではそうした点を明示的に提示したい。具体的には「ウェグナーの見方の何が足りないか」、「リベットの拒否権説はどう評価されるべきか」、「小坂井の議論が見落としがちなことは何か」などを説明する。また《本書の議論は刑罰という制度についてどんな含意をもつか》なども考察したい。全体として、何かしら新たな見通しが開けてくるようなものを書きたいと考えている。

本章の議論は以下の順序で進む。はじめにウェグナーの立場の不足点を指摘し（第2節）、次にリベットの拒否権説について本書がどのような評価をするのかを述べる（第3節）。続けて小坂井の「責任は虚構だ」という主張を批判し（第4節）、最後に《本書の議論から罰にかんするどのような洞察が得られるか》を確認する（第5節）。

2　自由否定論には何が足りないか

まずはウェグナーの自由否定論についてである。

私は、ウェグナーの理論は私たちの行なっていることの全体を捉えたものではない、と指摘したい。すなわち、たしかに《自由な選択は無い》という彼の指摘は私たちの思考を刺激する興味深いものであるが、それでも事柄の全体を見れば《自由な選択はある》と言わざるをえない。――何を言っているかを明確化するために、具体的に考えてみたい。

ウェグナーの行なったことを思い出そう。リベットの実験では、被験者が「よし、動かすぞ！」と考えるよりだいぶ前の時点で、腕の運動につながる脳内の電位変化が生じていた。この結果を踏まえてウェグナーは次のような理論的モデルを構築した。それは、ひとの行動は脳内の無意識的なプロセスを原因としており、「よし、動かすぞ！」はたんなる「意志の感じ」に過ぎない、というものだ。このモデルに従うと、人間は自由な選択主体ではない。

第一に、そもそも《実験をした結果、自由な選択が無いことが判明した》という事態は奇妙だ、という点が指摘できる。なぜなら、実験をするというのは「ひとが何かをすること」であり、それは〈主体〉・〈行為〉・〈自由〉・〈選択〉の適用可能性を前提するからだ。じっさい、「出来事がただ生じること」から「ひとが何かをすること」が区別されない空間においては、「実験をする」という行ないも存在しないことになる。逆から言えば、《リベットが実験をした》と認められる時点で、すでに〈自由〉や〈選択〉の適用可能性は受け入れられている。

同様の点は複数の角度から敷衍できる。

例えばウェグナーは《人間は自由な選択主体でない》という命題を主張するが、彼自身はこの命題を生きていない。じっさいウェグナーは、ひとが書いたものを読み、自分で実験を行ない、自分の文章を書き、それを公表するという活動に参与している――こうした活動に参与することは「ひとが何かをすること／出来事がただ生じること」の区別を認めることを含む。それゆえウェグナーは、その生き方の全体性において、〈主体〉・〈自由〉・〈選択〉・〈行為〉などの概念の適用可能性を認めているのである。

同じ点は私たち自身へ目を向けるとますます明らかになる。私たちがウェグナーの主張をそれとして理解するためには、同時に私たちは《彼が主張を行なっている》と認めざるをえない（すなわち、ウェグナーから発せられたものがたんなる音声やインクの染みではなく、彼の語る言葉だと認めないわけにはいかない）。したがって、仮に私たちが《ウェグナーの言っていることは正しい》と考えるならば、私たちは矛盾に陥る。なぜなら、ウェグナーの考えに従うと、そもそも「言っている」という事態が存在しないことになるからだ（じつに、ウェグナーの主張することが正しければ、「主張する」という事態が存在しないことになる！）。そして——私たちの生の全体性へ目を向けると気づかれるが——私たちは現実には《ウェグナーが何かを言っている》と認め、それでもって〈主体〉や〈自由〉の適用可能性を認めている。このように私たちは、人間として生きることそれ自体でもって、自由否定論を退けているのである。

　かくして《自由な選択は無い》というウェグナーの理論は事柄の全体を捉えた「最終的な」ものではありえない。それはむしろ、最大限好意的に解釈すれば、より大きな探求の一部だと見なされうる。どういうことか。

　たしかに私たちは——第七章でも指摘したが——いったん〈主体〉や〈自由〉の概念の適用を停止し、人間を因果の流れの一部と見ることができる。そしてこれを通じてさまざまな知見を得ることができる。だがこうした〈人間を科学的に見る〉という作業に取り組んでいるときにも、立ち止まって反省すれば次の点に気づく。それは、自分が人間を科学的に見ることは「ひとが何かをすること」であり、これは〈主体〉や〈自由〉の概念が適用されうるものである、という点だ。けっきょく、私たちが何かをするとき、どこかしらの次元で行為主体や自由な選択の存在は認められている。

したがって、人間を全体として眺めようとする企てにおいては、必ずや自由な選択の存在が肯定される。なぜなら例えばこうした企てを行なうことそれ自体が「自由な選択」であらざるをえないからだ。ウェグナーの理論はこうした全体への眼差しを欠く。したがってそれは本節のような議論で補われる必要がある。前章の終盤で《ひとが科学をするときも、そのひとは人間の生の一般的な枠組みのうちを生きている》と言われたが、ウェグナーの理論を評価するさいにも、この事実への留意が不可欠である。

3　拒否権説の不足——人間の自由は理論によって確証される必要はない

次にリベットの拒否権説について考察したい。

この神経科学者は、《意識的意志が現れる時点よりもRPの開始時点のほうがだいぶ早い》という実験結果を認めたうえで、《それでも人間は自由だ》と認める理論を模索した。リベットの理論によると、人間には〈身体運動へつながるプロセスを開始する力〉はないが、〈すでに始まっているプロセスを完遂させるか停止させるかを決める力〉はある。私たちはいわゆる「自由拒否（Free Won't）」を有する、ということだ。このようにリベットは、伝統的な「自由意志」概念の内容を組み替えることによって、《人間は自由な選択主体だ》という見方を守ろうとする。

リベットの試みはいろいろと有益な示唆を含むが、ここではただちに彼のやっていることの不足点へ切り込みたい。彼は、人間の自由の存在が何かしらの理論によって守られねばならない、と考えているが、その点に不足がある。リベットが見落としている事柄は次だ。すなわち、人間の自由はそもそも理論によって「ある」と認められる必要性を有さない、と。理論による確証を待つまでもなく、人間の自由は存在する。これが《自由な選択は人間の生の一般的な枠組みに属す》という命題の深い意味であり、リベットはこのあたりのことへ目を向けていない。

ここでも第一に押さえるべきは、《自由な選択の存在を理論によって確証する》という事態は奇妙だ、という点である。じっさい、理論によって確証することも「ひとが何かをすることと」であって、それは〈主体〉・〈行為〉・〈自由〉・〈選択〉の適用可能性を前提する。逆から言えば、〈自由〉や〈選択〉の概念が適用可能性を欠く空間においては、《誰かが何かを理論で確証する》という事態もありえない。かくして、何かしらの理論で自由の存在を確証しようとしている時点で、自由の存在はすでに認められているのである。

それゆえ、リベットが彼の理論を構築しようとするさいにも、この「理論を構築する」という行ないを可能にする前提として〈自由〉や〈選択〉の適用可能性は認められている。じっさい、彼がどんな理論を採用するかを決めたのはリベット自身である。そして、一定の仕方でそれを構築することを選び、それを公にしている。そして、仮に自由な選択が無かったとすれば、彼のやっていることはそれとしての意味を有さないことになる。けっきょく、リベットが理論によって存在を確証することを待つまでもなく、彼の生きている空間には〈自由〉や〈選択〉があるのである。

要点を繰り返そう。たしかにリベットの理論はある意味で「正しい」。すなわち人間に自由な選択はある。とはいえ――ここが大事だが――それが「ある」と言えるのは、何かしらの理論によって確証されたからではなく、むしろそもそも「ひとが何かをすること」の前提として認められてしまっているからだ。こうした前提的な位置に、すなわちここまで「人間の生の一般的な枠組み」と呼ばれたところに、自由な選択は居場所を有するのである。

このように人間の自由は、存在を理論的に証明すべき何かではなく、むしろ私たちの活動のいわば「可能性の条件」の位置にあるものだ。この点を押さえると《本書が何をやっているのか》の理解も深められる。

本書は——すでに仄めかしたが——〈理論によって自由の存在を確証する〉などの企てには取り組んでいない。本書はむしろ、ストローソンに倣って、記述という作業に取り組む。それは、人間の行動のメカニズムを客観的に説明することではなく、むしろ私たち自身の生の形式をそれとして写し描くことである。それは、何かを構築するというよりも、私たちが現に行なっていることの前提を明らかにする作業である。

じつを言えばこうした作業には特有の困難がある。私たち自身の生の前提というものは、私たちにとって、そのままの姿で取り出せるものではない。むしろ——比喩的に言えば——、それを写し描こうと接近すれば、奥へ奥へと「引っ込んで」行く。それゆえ本書においても《人間の生の枠組みがありのまま正確に描き出された》とは言えない。とはいえ、さまざまな角度から記述することを通じて、その「一般的な」形式くらいは示すことができたのではないかと思う。

いや、むしろ次のように言った方がよいかもしれない。人間の生の枠組みは、ありのままをつかみ出すことはできず、むしろ私たちにとってはせいぜいその一般的な形をなぞることができるだけだ、と。おそらく、そうした枠組みそれ自体は、いわゆる「語りえぬもの」であろう。この意味で人間的自由には「語りえぬ」側面があると言える。

まとめよう。

リベットの不足は、彼が《人間の自由は理論によって確証されねばならない》と考えている点にある。じっさいには、私たちがどんな理論をつくろうと、「理論をつくる」という行ないの前提的な位置に〈自由〉はある。私たちが現に生きているところの自由に迫ろうとするさいには、理論的なアプローチは採ることができない。

4　責任が実在する空間

続けて小坂井の言説を取り上げたい。

この社会心理学者は、ミルグラムの実験や因果をめぐる哲学的考察にもとづき《人間は自由な選択主体でない》と主張し、ここから《責任は虚構だ》という理論を提示する。小坂井にたいしてはウェグナーについて述べたことがすべて当てはまるが、さらに一言付け加えることができる。それは、責任虚構論を提示する小坂井自身も責任が実在する空間で行為しており、真剣にひとを責めている、という点だ。この点を明示化することは「人間の生の一般的な枠組み」なるものの理解を深めることに寄与するだろう。以下、順を追って説明する。

小坂井は、『責任という虚構』という本を公刊し、そこで自らの主張を提示している。このことは彼自身が《彼がこの行ないに責任を負う》と認めていることを意味する（本の内容に責任を負うことなしに本を公刊することはできない！）。もちろん彼は《いや、社会的虚構のために自分はこの行ないに責任を負っていると思われるが、じっさいにはここに責任は無い》と応じることもできる。この場合、こうした態度が不当かどうかは別として、いずれにせよ彼は少なくともこの応答に責任を負う。小坂井は人間的なコミュニケーションに参与しており、どこかの次元で何かに責任を負わざるをえない。例えば彼が私に反論せんとするさいには、彼はその反論に責任を負うのである。

ここで小坂井が彼の探求は「規範論」にかかわらないと注意したことを思い出そう。すなわち、《どうすべきか》の関心を排し、《事実がどのようなものか》を客観的に説明するということだ。しかしながら――この点をつかむのが大事だが――小坂井は〈自分の考えを表明し合う〉という人間のコミュニケーションに参加しており、まさにそのために「べき」と無関係ではいられない。じっさい彼は、いくつかの「べき」にコミットし、他の論者を責めたりしている。具体的に見てみよう。

小坂井は、『責任という虚構』の補考で、哲学者の河野哲也の名前を挙げてその議論の誤りを指摘しようとする。すなわち、黒田亘《わたる》とシュリックというふたりの哲学者の論考にたいして河野が異論を唱えた箇所を引き、河野の読解の足りなさを指摘しようとする。曰く、

> 明らかな誤読だ。決定論との矛盾を避けるために自由意志をどう解釈すべきかという規範論はシュリックも黒田も展開していない。自由意志という概念が社会において果たす役割の検討である[1]。

ここで小坂井は、シュリックと黒田は「べき」を排した議論を行なっているのに、河野

はその点を理解せずに異論を呈している、と主張する。この社会心理学者によれば、客観的説明に徹した論考はそのようなものとして解されねばならない。そしてそこに規範論を読み込むのは「誤読」である。

小坂井の河野批判が正しいかどうかは措くとして、ここでは《小坂井は河野を責めている》という事実に注目したい。じつに河野へ向けられた小坂井の言葉は、「水は水素原子と酸素原子からできている」などの客観的説明と同類のものではなく、むしろ「べき」を犯す河野にたいする責めの意味をもつ。すなわち小坂井は、《黒田とシュリックの論考を規範論と解すべきでない》という規範を置いたうえで、河野においてこの規範の違反〈すなわち誤読という過ち〉を認める。そしてそのうえで「あなたはすべきでないことをした」と責めるのである。

押さえるべきは、たとえ小坂井が自分は責めていないと言い張ったとしても、彼のやっていることは「責めること」と解さざるをえない、という点だ。一般に、ひとたび〈自分の考えを表明してそれに対する批判に応じる〉というやり取りに参与するならば、その時点で、自分にはいかなる「べき」も無関係だと決めこむことはできなくなる。むしろそこはさまざまな「べき」が支配するコミュニケーション空間であり、参与者は互いに責め合う可能性を有する。この空間では、ひとは自分の主張に責任を負い、場合によっては自分の行なった主張をかどに責められる。小坂井自身もこうした〈責任が実在する空間〉のうちに入り、他のプレイヤーの責任を追及している。

もちろん――何度か強調したが――小坂井のやっていることはさまざまな意義を有する。じっさいこの社会心理学者の行なっていることも、好意的に解釈すれば、より大きな探求の一部と見なされうる。説明すれば以下である。

じつに私たちは人間の生の一般的な枠組みの「縛られっぱなし」ではない。私たちは、例えば《人間の現在の暮らしがどのように形成されたのか》を進化論的に問うことで、人間が現在従っている枠組みを相対化することができる（具体的には、そうした枠組みがさまざまな偶然性の産物だ、と認識したりできる）。とはいえこうした探求に取り組む場合にも、とりわけその成果を発表するさいには、ひとは人間の生のフレームワークに縛られざるをえない（じっさいには探求をしている時点ですでに縛られているのだが）。すなわち〈自分の考えを表明してそれに対する批判に応じる〉というやり取りに参与せざるをえない。要するに、責任が実在する空間に身を置かざるをえない、ということだ。

それゆえ、《責任は虚構だ》とする小坂井の理論的主張も、互いに責任を認め合う知的コミュニケーションという大きな文脈の中で行なわれないわけにはいかない。この文脈において彼の責任虚構論はたいへん刺激的であり、さまざまな意義を有する。とはいえ《責任は虚構だ》という見方が「最終的」かつ「全体的」に正しいと見なされることはない。なぜなら〈学問すること〉はつねにすでに〈責任〉の概念の適用可能性を認めているからである。

5 刑罰廃止論を問いなおす

最後に〈罰すること〉について本書の結論的な指摘を行ないたい。

はじめに思い出すべきは、本書では〈罰すること〉一般と刑罰とが区別されている、という点だ。刑罰は意図的に設定された制度だが、私たちはときに制度化されない仕方でひとを罰したりする。具体的には――すでに挙げた例だが――グループ内で失礼な行為をし続ける者にたいしては、メンバーたちはふつう不問とはせず、追放したり村八分にしたりする。こうした〈罰すること〉一般にかんしては、〈責めること〉と同様に、「金輪際止めてしまおう」と提案することは意味をもたない。なぜなら、第八章で指摘されたが、〈不正を犯した者を罰すること〉は人間の生の一般的な形式の一部だからである。かくして人間の生活はつねに〈罰すること〉の可能性とともにあると言える。罰一般を人間の生から排除することはできない。

第Ⅱ部で「応報的な意味でひとを罰することはナンセンスなのではないか」という問いが提示されたが、いまや「決して完全にナンセンスになることはない」と答えることができる。じっさい――第八章で強調したとおり――《一方的に他人を害したひとを不問にはできない》といういわば「応報的な」関心も人間の生の一般的なフレームワークに含まれる。それゆえ、場合によってひとを応報的に罰することは人間にとって「自然」であり、何かしらの理論によってナンセンスにされることはない。私たちは、善い悪いは別として、本質的に〈罰する存在〉なのである。

とはいえ刑罰については別の取り扱いが可能であり、必要でもある。なぜなら、刑罰は制度であり、それゆえこれについては「ベターな仕組みを採用しよう」や「止めてしまおう」という提案が意味をもつからである。では本書の議論から刑罰にかんして具体的にどのような洞察が得られるだろうか。

第一に強調すべきは、例えば「死刑は存置すべきか廃止すべきか」などの個別的な問題については、本書から有益な洞察が得られることはない、という点だ。本書はもっぱら哲学的な水準で思考し、罰にかんする一般的な事柄をいろいろ指摘した——そして決して個別的な問題について特定の意見を推すことはしなかった。死刑についても私は一定の考えを有しているが、それを表明するのは別の場所のほうがふさわしいだろう。

他方で、「刑罰は廃止すべきか」という多かれ少なかれ一般的な問いにかんしては、本書の議論から一定の洞察を引き出すことができる。ではそれはどのようなものか。

現代の哲学で「刑罰廃止論」と呼ばれうる立場が提示されている。例えば英米圏で活動する哲学者グレッグ・カルーゾーは、犯罪者を〈病人〉のカテゴリーと同化し、《犯罪者への処遇は刑罰ではなく隔離措置こそが適切だ》と主張する。すなわち彼は、周囲に危険を及ぼす伝染病患者を隔離することが適切であるように、周囲に危険を及ぼす犯罪者も隔離することがベストだ、とする。他方でなぜ刑罰を廃止すべきかと言えば、ウェグナーや小坂井と同様に、カルーゾーも《人間は自由な選択主体だ》とは考えないからである。人間は自分の行為に責任を負えないので、ひとを応報の意味で罰することは正しくない——それゆえ犯罪者の処遇としては刑罰でなく隔離措置が適当だ、ということである。(2)

刑罰廃止論は有意味な提案だと言える。なぜなら、先にも述べたように、刑罰が制度である以上、「それを廃止するか否か」は問いとして意味をもちうるからである。そして《将来的に私たちが刑罰を廃止するかどうか》は前もって確言できない。なぜなら、それは論理的に定まる事柄ではなく、《私たちが何を選ぶか》に懸かっているからである。近い将来においてではないであろうが、遠い未来において、刑罰がもはや必要とされず、人類がこの制度を廃止する時代がやってくるかもしれない。

ただしここで次の点に留意する必要がある。それは、たとえ刑罰という制度がなくなったとしても、罰すること（すなわち応報的な意味で罰すること）一般は決して止められない。なぜなら、繰り返しになるが、〈不正を犯したひとを罰すること〉は人間の生の枠組みに属すからである。この点は「不正」という語の意味を考えればますます明確になる。不正とは何か。それは〈それを行なえばペナルティが与えられるような事柄〉である。そして《Aは不正を行なったが、Aへはいかなるネガティブなリアクションも行なう必要はない》と言われるとすれば、「不正」という語を用いる意味がなくなってしまう。もちろん時代の変化とともに残酷な罰は行なわれなくなるだろう（そしてこれは進歩と見なされうる）。とはいえ、人間が人間として生きる限り、罰一般が取り止められることはないのである。

かくして現代哲学における「刑罰廃止論」にかんしては二種類の応答が可能である。第一に、それが制度として刑罰の存廃にかかわるだけであれば、それは有意味な立場である。とはいえ第二に、もしそれが《すべての罰は止められるべきだ》という主張まで踏み込むならば、それはナンセンスと見なされざるをえない。かくして、個々の論者の刑罰廃止論を評価するさいには、それがいずれの水準にあるかを考慮する必要がある。

〈責めること〉および〈罰すること〉が人間の生のフレームワークの一部だ、という本書の主張はいささかペシミスティックなものに感じられるかもしれない。とはいえそれは捉え方による。見逃してはならないのは、責めや罰にかんしてさまざまな意見がありうるが、いずれにせよこれらの実践は人間の生の深いところに根を下ろしている、という点だ。そして、〈私たちの現実のあり方を把握する〉というのが哲学の重要な仕事であるならば、この事実——すなわち責めや罰が私たちの生の一般的な枠組みの一部だという事実——についても哲学の眼はそれをしかと見る必要がある。社会をベターなものに変えていくさいにも、現実の把握から出発せねばならない。

おわりに

本書の議論は以上で終了である。全体を振り返ろう。

第Ⅰ部は「刑罰」をテーマとした。そして「刑罰は何のために?」という刑罰の意味をめぐる問いを提起し、その答えとして〈応報〉・〈抑止〉・〈追放〉・〈祝祭〉・〈見せもの〉・〈供犠〉・〈訓練〉が取り上げられた。最終的に、刑罰の意味を考える視座として、「刑罰の意味の多元主義」という立場が提示された。

第Ⅰ部で最も重要なのは「刑罰の意味の多元主義」を一種の姿勢と捉えることである。じつにこの立場は、テーゼとして表現すれば、《刑罰の意味は多様だ》という当たり前のものに過ぎない。この立場はむしろ姿勢として力を発揮する。すなわち、見たことのないタイプの刑罰に出会ったとき、既知の意味づけで満足しない姿勢、そしてあらためて「この刑罰は何のために？」と問い直す姿勢、これが刑罰の意味の多元主義の真骨頂である。こうした探求の構えを獲得することが第Ⅰ部の目標であった。

第Ⅱ部は応報的な罰にかんする問題を定式化した。ウェグナーは神経科学の実験にもとづき《人間は自由な選択主体でない》と主張し、小坂井敏晶は社会心理学の実験や哲学的な議論を通じて《責任は虚構だ》と述べる。こうした指摘が正しければ、人間に応報の理屈は適用されなくなる。だがこれは本当にそうなのか。はたして応報的な罰はナンセンスなのか。

第Ⅱ部を読むさいに気にすべきは問題の骨格とその実質的内容をともにつかむことだ。じつに応報的罰をめぐる問題は一般的な骨組みをもつ――それは、自由な選択の不在から出発し、人間の責任の否定を経由し、応報的罰の無意味性という結論へ進む。他方で、こうした議論へ具体的な根拠を与えるのは諸々の科学的言説である。《一般的な形で形式化される哲学的な問題へ科学の語りが実質的な中身を与えている》という現代的状況には何か示唆的なものがある。

第Ⅲ部は問題解決である。「人間の生の一般的な枠組み」をキーワードとし次の点が指摘される。第一に《自由な選択は無い》と主張することは矛盾を含む。第二に《責任は虚構だ》と述べることは必ずや何かしらの水準で自家撞着を生む。結果として〈自由〉・〈選択〉・〈責任〉などの適用可能性は決して否定しきれるものでないと判明した。かくして〈応報〉の概念も守られる。すなわち、《不正を犯したひとを不問にできない》という応報的な関心が人間の生の一般的なフレームワークに属す以上、「応報的な意味で罰することを一切止めてしまおう」と提案することはナンセンスになるのである。

第Ⅲ部の議論は——あらためて注意するが——決してウェグナーの見方や小坂井の考え方を無意味とするものではない。なぜなら、何度か述べたが、彼らの議論は私たちの思考を刺激するものであり、そこからいろいろな示唆を得ることができるからだ。とはいえ自由否定論や責任虚構論は決して「最終的な」あるいは「全体的な」立場たりえない。というのも、人間の生を全体として眺めれば、その一般的な枠組みの位置に〈自由〉や〈責任〉が見出されざるをえないからだ。ウェグナーや小坂井の見方を超えて、人間の生の全体を見渡すような展望に至ること、これが第Ⅲ部で行なわれたことである。

本書のテーマと私とは付き合いが長い。私が学生時代に〈自由な選択〉をめぐる哲学的な悩みに陥ったことは第七章で紹介したが、そのころから〈責めること〉や〈罰すること〉の意味は私にとって興味深い問題であった。なぜなら、もし自由な選択が無いのだとしたら、私たち（ここには私自身も含まれる）が互いを責めたり罰したりすることに何の意味があるのかがよく分からなくなるからである。

そのころから約四半世紀にわたって私は〈自由な選択〉について考え続けている。じつに——この本で行なったような議論を展開しうる境地に至っているにもかかわらず——「だが人間は自由な行為主体なのか」はいまだに私の心を襲い、関心を占拠する。本書においては現時点の私が「これぞ」と考える見方を提示したが、今後も思索は続けられるだろう。死ぬときまで考え続けているのではないか、と思う。

本書ではピーター・ストローソンの論文「自由と怒り」を大いに援用したので、このテクストにかんする思い出を語るのもよいかもしれない。

この論文のことを初めて知ったのがいつかはもう覚えていない。英語の原テクストを最初に繙いたのは大学院の博士課程に進学した後で、ゲイリー・ワトソンが編集した有名な論文集（G. Watson (ed.), 2003, *Free Will*, 2nd ed., Oxford, New York: Oxford University Press）を購入したときである。現在のように洋書がインターネットを通じて手軽に入手できる環境もなかったので、下宿から数キロ先の洋書専門店の本棚で発見した。この論文集は自由と責任の哲学の（英語の）基本論文を集めたものであり、現在も役に立つ。

ストローソンの論文を初めて読んだとき、私は以下のように感じた。この哲学者は人間の生の一般的な枠組みに〈過ちを犯したひとを責めること〉などが属すと言っているが、これは真の問題を避けるものだ、と。当時の私は「そもそもこうした枠組みは正当なのか」こそが真の問題だと考えており、ストローソンの論文は隔靴《かっか》掻痒《そうよう》の感以上のものを与えてくれなかった。

だが、あるとき——これは私の哲学的な転機だが——私は自分の方が間違っていることに気づいた。すなわち、そもそも正当化が問題にならないような枠組みがある、というのがストローソンの指摘なのだという事実に気づいた。そして《この哲学者が、ヒトの生の枠組みではなく、私たち人間の生の枠組みを論じている》という点をはっきりと理解したことも、ストローソンの言っていることを正確につかむための重要なきっかけになった。この哲学者は私たち自身のことを語っている。そして、じっさいに、私たちの生には正当化が問題にならないような枠組みがあるではないか！

ストローソンの論考は〈自由〉や〈責任〉について多くのことを教えてくれた。今後この哲学者との関わり方がどのように変化するか分からないが、いずれにせよこの本は〈彼から学んだものをひとつの作品に結実させたい〉という想いのもとで書かれた。ある意味で「総決算の書」と言えるかもしれない。

本書は〈責めること〉と〈罰すること〉をテーマとしたが、これとの関連でぜひ取り上げるべきであったひとつのトピックは扱うことができなかった。それは〈赦すこと〉である。本書は《責めたり罰したりすることが人間の生の一般的な枠組みに属す》と指摘したが、これは決して責めや罰の称揚ではない。むしろ人間は赦すこともできる。そして〈赦すこと〉は人間の生の重要な部分を形づくっている。赦しというトピックには宗教哲学もかかわるのであるが、いつかの機会に取り組んでみたい。

本書が公刊されるまで複数の方のサポートがあった。本書の文章はもともと、二〇一七年あたりに大阪工業大学の「哲学」の講義のテクストとして書かれた。せっかくまとまった文章をものしたので、ぜひとも公表したくなり哲学者のAさんに相談した。Aさんは、二〇一八年の初頭に、筑摩書房の増田建史さんを紹介してくださった（ちなみに「なぜAさんというイニシャルトークなのか」と言えば、Aさんはふつう出版社の紹介などをしないからである——節を曲げて本書の出版に力を貸して下さったAさんに、イニシャルで記して御礼させていただきたい）。

そこから増田さんがご多忙になったり、私がもともとのテクストの文体を変える作業を行なったりと、だいぶ時間がかかったが、二〇二三年の三月に現在の形の文章ができあがった。私自身、二〇一七年あたりの書きぶりよりも現在のそれのほうが気に入っているので、ここまで引っ張って来てくださった増田さんには心より感謝している。ちなみに二〇二三年度の大阪工業大学の前期の「哲学」の講義はこの現在の文章に即したものであるので、そこの学生には繰り返しこのテクストのテーマに付き合ってもらっていることになる。

本書のゲラができ、最終チェックをする段階で、増田さんが本格的に多忙になってしまった――そこで、急遽、筑摩書房の加藤峻さんが編集を引き受けてくれることになった。加藤さんは、作業完了の近い難しい時期での担当にもかかわらず、本書のクオリティを向上させるためのさまざまなアイデアを出してくださった。本書にブックガイドがついているのは加藤さんの発案である。

自由意志をめぐる問題は――繰り返し述べるように――私にとって因縁のテーマである。それゆえ本書は私にとっていかなる意味でもゴールではなく、むしろこの文章を書いている現時点でさえも《私は今後このテーマへどうかかわっていくのか》という不安と期待が頭をよぎる。とはいえ同時に次も言える。すなわち、自由意志をめぐる問題と私の関わりが今後どんな方向へ進んでいくとしても、この本で展開された議論はひとつの原点であり、私の思索は繰り返しそこへ立ち戻るだろう、と。

この本は私にとってこういったものだ。はたしてあなたにとってはどうか。

山口　尚

二〇二三年一〇月　六甲の喫茶店で

読書案内

本書を読み終えたひとが自由と責任の哲学を学び進めていくさいに役立ちうるブックガイドを記しておきたい。

まずは私の今回の本とは違った角度の入門書として――本書においても何度か言及したが――次を推薦する。

高崎将平『そうしないことはありえたか？――自由論入門』青土社、二〇二二年

この本は自由の哲学で取り上げられるさまざまな論点を幅広く紹介することを目指すものであり、これを読むことで自由論の全体的な見取り図を確認することができる。ただし入門書とはいえ、かっちり論理を組み立てるべきところはつねにかっちり論理を組み立て

て書かれているので、折々立ち止まって話の流れなどを振り返りつつ読まれるのがよい。

加えて次の作品は〈歴史的なアプローチによる入門書〉と見なされうるが、これも初学者に薦められる。

木島泰三『自由意志の向こう側――決定論をめぐる哲学史』講談社選書メチエ、二〇二〇年

「決定論」をめぐる話題は私の今回の本であまり取り上げられなかったが（コラムで言及しただけである）、自由と責任の哲学においてたいへん重要なトピックである。私の本で論じた話題に関心をもつひとは、木島の提示する哲学史も楽しんで追えるはずだ。アプローチは違えども、オーバーラップする事柄が数多く扱われている。

あるいは自己の経験へ引き付けて読むことのできる作品として――これも「自由」というテーマへの入門書の役割を果たしてくれると思うが――次の二書も推したい。

伊藤亜紗『どもる体』医学書院、二〇一八年

宮野真生子・磯野真穂『急に具合が悪くなる』晶文社、二〇一九年

伊藤の著書は、吃音という人間のひとつのあり方を多角的に考察しながら、〈自由にならない身体〉の理解を深める。宮野と磯野の本は、病気の不自由などについて考えながら、人生における〈選択〉や〈運〉の意味を問う。どちらもいわば「たんなる哲学書」の枠を良い意味で超えており、単純に表現できない読後感がある。

入門を一通り終えて、自由や責任を特定の角度から踏み込んで論じる作品が読みたくなったひとは、まずは日本語の本として次で挙げられるものにチャレンジするのがよいだろう。

浅野光紀『非合理性の哲学——アクラシアと自己欺瞞』新曜社、二〇一二年
古田徹也『それは私がしたことなのか——行為の哲学入門』新曜社、二〇一三年
青山拓央『時間と自由意志——自由は存在するか』筑摩書房、二〇一六年
國分功一郎『中動態の世界——意志と責任の考古学』医学書院、二〇一七年

浅野の本は、《なぜダメと知っていてやってしまうのか》という意志の弱さの問題に取り組みながら、「アクラシアの自由」という興味深い着想へ辿りつく。古田の本は、《行為とは何か》を緻密に考察するとともに、その後半で〈人間のコントロールを超えた運〉の問題に向き合う。青山の本は、《自由はありうるか》を問いながら、「二人称的自由」や「無自由」などの魅力的な概念を提示する。國分の本は、「意志」の概念の批判的考察を通じて、（能動とも受動とも区別される）中動というあり方の重要性を明らかにする。――どれも真の意味で「専門的な」水準の作品であるので簡単には読めないかもしれないが、価値ある内容が含まれていることは保証する。

翻訳書まで視野に入れる場合、一歩踏み込んだ作品としては以下が推薦できる。

トーマス・ピンク『哲学がわかる 自由意志』（戸田剛文・豊川祥隆・西内亮平訳）、岩波書店、二〇一七年

ダニエル・デネット、グレッグ・カルーゾー『自由意志対話――自由・責任・報い』（木島泰三訳）、青土社、二〇二二年

ピンクの作品は、いわゆるVery Short Introductionからの翻訳であるが、入門書と考えないほうがよい。むしろ、意志や行為にかんするホッブズ的な理解を乗り越えるための、著者自身の積極的な立場を提示する本である。デネットとカルーゾーの共著は——私の今回の本の最終章でもふれたが——刑罰という制度の正当性を考察する作品である。私の本とテーマが重なるので、私の本の続きで読むのもよいだろう（視野が広がるはずだ）。自由と責任の哲学の基本論文を読みたい、というニーズがあるかもしれない。これについては次の二冊を紹介しておく。

門脇俊介、野矢茂樹（編集・監訳）『自由と行為の哲学』春秋社、二〇一〇年
青山拓央、柏端達也（監修）『自由意志——スキナー／デネット／リベット』岩波書店、二〇二〇年

門脇と野矢が編集した前者にはストローソン、フランクファート、ヴァン・インワーゲンなどの基本論文が収められている。青山と柏端が編集した後者にはチザムやデネットの基本論文に加えて、自由意志否定論にもとづいて自説を展開するスキナーの文章、あるい

はリベットと哲学者たちとの論争も収録されている。なおスキナーを訳したのは私である。
本全体が自由と責任をテーマとするわけではないが、この話題にかんする重要な議論を含む作品もいくつか存在する。私の今回の本との関連で紹介しておきたいのは次だ。

戸田山和久『哲学入門』ちくま新書、二〇一四年
戸田山和久、唐沢かおり（編著）『〈概念工学〉宣言！』名古屋大学出版会、二〇一九年
鈴木貴之（編著）『実験哲学入門』勁草書房、二〇二〇年
野家啓一（編著）『シリーズ　ヒトの科学6　ヒトと人のあいだ』岩波書店、二〇〇七年
野矢茂樹『語りえぬものを語る』講談社学術文庫、二〇二〇年

最初に挙げた戸田山の本はその終盤において自由と責任を論じる——私が今回の本で展開する議論は戸田山の立場へのアンチテーゼでもある。戸田山と唐沢が編集する本は「概念工学」という最近の思潮を紹介するものだが、このアプローチと自由や責任というテーマとのかかわりについて理解を深めるさいには同書所収の太田紘史が書く章が役立つ。鈴木が編集する本は「実験哲学」というこれまた最近の思潮を紹介するものだが、この本に

おいても太田紘史の章が自由と責任の哲学にとって有益である。太田の論じ方は私のそれとかなり異なるので、関心のある方は比較されたい。野家の編集する本に収められた野家自身の論考、そして野矢の本の終盤における自由をめぐる議論は、いわゆる「反自然主義的な」自由論の価値ある試みである。

自由と責任の哲学に英語で取り組んでいきたいと考えている学部生や院生にとって便利な本をいくつか挙げておこう。

G. Watson (ed.), 2003, *Free Will*, 2nd ed., Oxford, New York: Oxford University Press.

J. M. Fischer, R. Kane, D. Pereboom, and M. Vargas, 2007, *Four Views on Free Will*, Malden, Oxford: Blackwell Publishing.

K. Timpe, M. Griffith, and N. Levy (eds.), 2016, *The Routledge Companion to Free Will*, New York: Routledge.

ワトソンが編集する本は英語の基本論文集である（第二版になるさいにいわゆるリバタリアニズムの論考の割合が増えた）。フィッシャーとケインとペレブームとヴァルガスの本は

〈自由と責任の哲学における代表的な四つの立場が互いに批判し合う〉というものだ――諸々の立場のあいだの応酬の典型的なパターンを知ることができるだろう。ティンペとグリフィスとレヴィが編集する本はSEP（インターネット上の詳しい哲学辞典のひとつ）の複数の項目を一冊にまとめたような感じであり、「浅く広く」で初学者に役立つ。

最後に自由と責任の問題が直接かかわる文学作品を三冊紹介したい。

マーク・トウェイン『人間とは何か』（中野好夫訳）、岩波文庫、改版一九七三年
アントニイ・バージェス『時計じかけのオレンジ』（乾信一郎訳）、ハヤカワepi文庫、二〇〇八年
テッド・チャン『息吹』（大森望訳）、ハヤカワ文庫SF、二〇二三年

トウェインの本では老人と青年がいわゆる「人間機械論」をめぐって対話する。バージェスの作品は〈犯罪と刑罰〉をテーマとするものだ（それゆえ私の今回の本と大いにかかわる内容を含む）。最後に挙げたチャンの短篇集は自由と責任の問題を深く考えさせるような作品を多く収録している。

注

序

（1）小坂井敏晶『人が人を裁くということ』岩波新書、二〇一一年、ⅰ頁。
（2）青土社、二〇二二年。

第一章

（1）以下の説明においては、山口厚『刑法入門』（岩波新書、二〇〇八年）の第1章第1節を参照した。
（2）「細かい話」とは、例えば主刑に付け加えて言い渡される「付加刑」として没収（例えば犯罪行為の報酬として受け取ったものを没収する）などがあったりすることなどだ。いずれにせよ現代日本のメインの刑罰は死刑・拘禁・拘留・罰金・科料のみである。
（3）石井良助『江戸の刑罰』（中公新書、一九六四年）、九頁。
（4）冨谷至『古代中国の刑罰』（中公新書、一九九五年）、六三頁、一〇〇頁。
（5）石井『江戸の刑罰』六八頁。
（6）石井『江戸の刑罰』六九頁。
（7）カレン・ファリントン『拷問と刑罰の歴史』（飯泉恵美子訳、河出書房新社、二〇〇四年）、一三頁、一五頁。
（8）山口『刑法入門』一八頁。
（9）具体的には、刑罰の設置によって国民の犯罪を一般的に抑止する意味の「一般予防」と、特定の犯罪者へじっさいに刑罰を科すことでこのひとの将来の犯罪を予防する意味の「特別予防」とを分ける、などのような下位区分がある（山口厚『刑法総論 補訂版』〔有斐閣、二〇〇五年〕、二頁参照）。
(10) 特定の個人への抑止効果（特別予防）は第三章で取り上げられる。

第二章
(1) 冨谷至『古代中国の刑罰』（中公新書、一九九五年）。
(2) 勝俣鎮夫「ミ、ヲキリ、ハナヲソグ」、網野善彦・石井進・笠松宏至・勝俣鎮夫『中世の罪と罰』（講談社学術文庫、二〇一九年）所収、四〇頁、四六頁。
(3) 冨谷『古代中国の刑罰』六六―六七頁。ちなみに髠刑の内実は諸説あるようだが、富田はこれを〈結われた髪を切ってざんばらにする刑罰〉と見なす。
(4) 冨谷『古代中国の刑罰』一〇八頁。なおここで述べられているのは冨谷自身の考えでもあるが、彼はそのアイデアを法制史家・滋賀秀三の「中国上代刑罰についての一考察」（『石井良助先生還暦祝賀 法制史論集』創文社、一九七六年）に帰している。
(5) 冨谷『古代中国の刑罰』一〇九頁。
(6) 冨谷『古代中国の刑罰』一一〇頁。
(7) 冨谷『古代中国の刑罰』六四頁。
(8) 冨谷『古代中国の刑罰』一一二頁。
(9) 冨谷『古代中国の刑罰』一一一頁。
(10) 森永種夫『犯科帳』（岩波新書、一九六二年）、一五頁。
(11) 森永『犯科帳』一六頁。

第三章

(1) 邦訳は、田村俶訳『監獄の誕生――監視と処罰』(新潮社、一九七七年)。
(2) フーコー『監獄の誕生』九頁。
(3) フーコー『監獄の誕生』三九頁。
(4) 恒光徹「自由刑」、守山正・安部哲夫編著『ビギナーズ刑事政策』(成文堂、二〇〇八年、第三版二〇一七年) 所収、一六一頁。
(5) フーコー『監獄の誕生』五二頁。
(6) 安達正勝『死刑執行人サンソン』(集英社新書、二〇〇三年)、一〇二―一〇三頁。
(7) 中公新書、一九七八年。
(8) 阿部『刑吏の社会史』四七頁。
(9) 阿部『刑吏の社会史』四七頁。
(10) 阿部『刑吏の社会史』五四頁。
(11) 阿部『刑吏の社会史』五〇―五一頁。
(12) 阿部『刑吏の社会史』四五―四六頁。
(13) 池上俊一『動物裁判』(講談社現代新書、一九九〇年)、八―一四頁。
(14) 阿部謹也『刑吏の社会史』三六頁。ただし阿部は、古ゲルマンのさまざまな儀式を刑罰の一種として論じる観点も捨てない。
(15) フーコー『監獄の誕生』一九頁。
(16) フーコー『監獄の誕生』一二四―一二九頁。
(17) フーコー『監獄の誕生』一二八頁。

(18) フーコー『監獄の誕生』二一頁。
(19) フーコー『監獄の誕生』三四頁。ただし亀甲括弧内の補足は引用元のもの。
(20) この点をさらに深掘りすることは本書の関心に属さないので割愛するが、関心のある初学者は重田園江『ミシェル・フーコー』(ちくま新書、二〇一一年)などの入門書から始められたい。同書は『監獄の誕生』に焦点を合わせ、本節で述べられた諸々の事柄をより広い文脈から説明する。
(21) 例えば渡邊大門『流罪の日本史』(ちくま新書、二〇一七年)では、すべてではないが、政治的影響力を奪うために行なわれたであろう流刑のケースが紹介されている(例えば同書の第二章で紹介される、承久の乱のさいの上皇の配流など)。

コラム　意味をめぐる問い、正当性をめぐる問い

(1) 山口厚『刑法入門』(岩波新書、二〇〇八年)、一九―二〇頁。

第四章

(1) 酒寄進一訳、創元推理文庫、二〇一六年(単行本は二〇一二年)。
(2) シーラッハ『罪悪』六九頁。
(3) 酒寄進一訳、創元推理文庫、二〇一五年(単行本は二〇一一年)。
(4) シーラッハ『犯罪』二九頁。

第五章

(1) 下條信輔・安納令奈訳、岩波現代文庫、二〇二一年(単行本は二〇〇五年)。

(2) 以下の説明はリベット『マインド・タイム』一六八―一七一頁による。
(3) 以下の説明はリベット『マインド・タイム』一七一―一七三頁による。
(4) このドラマについてはリベット『マインド・タイム』一四―一七頁も参照。
(5) 以下の説明はリベット『マインド・タイム』一七七―一七九頁による。
(6) リベット『マインド・タイム』一七七頁。
(7) リベット『マインド・タイム』一八六―一八七頁。ただし太字強調は引用元のもの。
(8) リベット『マインド・タイム』一八七―一八八頁。
(9) リベット『マインド・タイム』一八九頁。
(10) リベット『マインド・タイム』三一五―三一八頁。
(11) 下條信輔「解説」、『マインド・タイム』三三三頁。
(12) リベット『マインド・タイム』二〇二頁。
(13) Daniel Wegner, *The Illusion of Conscious Will*, Cambridge, Massachusetts: Bradford Books, The MIT Press, 2002. この本の邦訳はまだない。
(14) Wegner, *The Illusion of Conscious Will*: 182-184.
(15) Wegner, *The Illusion of Conscious Will*: 64.
(16) Wegner, *The Illusion of Conscious Will*: 68.
(17) Wegner, *The Illusion of Conscious Will*: 342.
(18) 例えばイーグルマン『意識は傍観者である――脳の知られざる営み』（大田直子訳、早川書房、二〇一二年）などを参照されたい。ちなみにこの本の議論については、私はすでに拙著『人間の自由と物語の哲学――私たちは何者か』（トランスビュー、二〇一二年）の第三章でとりあげた。

コラム　神経科学と刑事司法

（1）以下の説明はサリー・サテル＆スコット・O・リリエンフェルド『その〈脳科学〉にご用心――脳画像で心はわかるのか』（柴田裕之訳、紀伊國屋書店、二〇一五年）、一五七―一六一頁による。
（2）サテル＆リリエンフェルド『その〈脳科学〉にご用心』一七八頁。
（3）サテル＆リリエンフェルド『その〈脳科学〉にご用心』一七八頁。
（4）サテル＆リリエンフェルド『その〈脳科学〉にご用心』一六二頁。

第六章

（1）東京大学出版会、二〇〇八年。ただし増補版がちくま学芸文庫から二〇二〇年に公刊されており、以下での参照も増補版による。ちなみに本書の序の冒頭で引用した同じ作者の『人が人を裁くということ』は『責任という虚構』の内容をより一般向けに嚙み砕いた作品と言える。
（2）小坂井『増補　責任という虚構』七頁。
（3）同書では終盤（第六章）でいわゆる「近代化論」が展開されるが、これは責任論のプロパーな関心を超えるものなので割愛する。
（4）小坂井『増補　責任という虚構』六頁。
（5）小坂井『増補　責任という虚構』四〇八頁。
（6）以下の説明は、小坂井『増補　責任という虚構』二五―三二頁の叙述に依拠する。
（7）小坂井『増補　責任という虚構』二八―二九頁。
（8）小坂井『増補　責任という虚構』二九頁。

(9) 小坂井『増補 責任という虚構』三二頁。
(10) 小坂井『増補 責任という虚構』二三九―二四〇頁。
(11) 小坂井『増補 責任という虚構』二九四頁、ただし傍点強調は引用元のもの。
(12) 小坂井『増補 責任という虚構』三〇九―三一〇頁。
(13) 小坂井『増補 責任という虚構』三〇〇頁。
(14) 小坂井『増補 責任という虚構』三三五―三三六頁。
(15) 小坂井『増補 責任という虚構』四四六頁。
(16) 小坂井『増補 責任という虚構』四五〇頁。
(17) 小坂井『増補 責任という虚構』四五〇頁。
(18) 小坂井『増補 責任という虚構』四五一頁。

第七章

(1) もちろん、例えば《XがZの口車にのって遠隔操作の装置をつけさせた》などの事情があれば、Xはその不用意な判断にかんして罰せられることがありうる。ただし――大事な点であるが――この罰が有意味なのは、Xが遠隔操作装置をつけられることを選んでいるからである。押さえるべきは、あるひとを応報の仕方で罰することが意味をもつのは、そのひとへ何らかの自由な選択を帰しうる場合に限る、という点だ。

第八章

(1) Strawson, Peter, 1962. "Freedom and Resentment," *Proceedings of the British Academy*, 48: 1–25,

reprinted in G. Watson (ed.), 2003, *Free Will*, 2nd ed., Oxford, New York: Oxford University Press.: 72–93. 邦訳として法野谷俊哉訳「自由と怒り」（門脇俊介、野矢茂樹編・監修『自由と行為の哲学』春秋社、二〇一〇年所収）が挙げられる。

（2）成田和信『責任と自由』（勁草書房、二〇〇四年）、七頁。

（3）成田『責任と自由』七頁。

（4）成田『責任と自由』八頁。

（5）ストローソン「自由と怒り」三九頁。

（6）ストローソン「自由と怒り」五八頁。

（7）ストローソン「自由と怒り」七一頁。

（8）ストローソン「自由と怒り」七三頁。

（9）ストローソン「自由と怒り」五五頁。

（10）ストローソン「自由と怒り」七七頁。

第九章

（1）小坂井敏晶『増補 責任という虚構』（ちくま学芸文庫、二〇二〇年）、四二七頁。

（2）こうした考えはダニエル・C・デネット、グレッグ・D・カルーゾー『自由意志対話——自由・責任・報い』（木島泰三訳、青土社、二〇二二年）などで提示されている。ちなみに同書の訳者である木島泰三は日本における刑罰廃止論の紹介者であり、次の論考をものしている。「自由意志と刑罰の未来」『atプラス』第三二号、二六—四〇頁。

ちくま新書
1768

人《ひと》が人《ひと》を罰《ばつ》するということ
——自由《じゆう》と責任《せきにん》の哲学入門《てつがくにゅうもん》

二〇二三年一二月一〇日　第一刷発行

著者　山口　尚（やまぐち・しょう）
発行者　喜入冬子
発行所　株式会社　筑摩書房
東京都台東区蔵前二-五-三　郵便番号一一一-八七五五
電話番号〇三-五六八七-二六〇一（代表）
装幀者　間村俊一
印刷・製本　株式会社　精興社

ISBN978-4-480-07595-6 C0210

ちくま新書

1409
不道徳的倫理学講義
——人生にとって運とは何か
古田徹也
私たちの人生を大きく左右するにもかかわらず、倫理学では無視されがちな「運」をめぐる是非。それらの議論を古代から現代までたどり、人間の生の在り方を探る。

944
分析哲学講義
青山拓央
現代哲学の全領域に浸透した「分析哲学」。言語のはたらきの分析を通じて世界の仕組みを解き明かすその手法は切れ味抜群だ。哲学史上の優れた議論を素材に説く！

1060
哲学入門
戸田山和久
言葉の意味とは何か。私たちは自由意志をもつのか。人生に意味はあるか……こうした哲学の中心問題を科学が明らかにした世界像の中で考え抜く、常識破りの入門書。

1753
道徳的に考えるとはどういうことか
大谷弘
「正しさ」はいかにして導かれるか。非主流派倫理学の立場からプラトン、ウィトゲンシュタイン、槇原敬之らの実践を検討し、道徳的思考の内奥に迫る哲学的探究。

1612
格差という虚構
小坂井敏晶
学校は格差再生産装置であり、遺伝・環境論争は階級闘争だ。近代が平等を掲げる裏には何が隠されているのか。格差論の誤解を撃ち、真の問いを突きつける。

922
ミシェル・フーコー
——近代を裏から読む
重田園江
社会の隅々にまで浸透した「権力」の成り立ちを問い、常識的なものの見方に根底から揺さぶりをかけるフーコー。その思想の魅力と強靭さをとらえる革命的入門書！

1290
流罪の日本史
渡邊大門
地位も名誉も財産も剝奪された罪人は、縁もゆかりもない遠隔地でどのように生き延びたのか。彼らの罪とは。事件の背後にあった、闘争と策謀の壮絶なドラマとは。